Wie mich viele Wege nach Rom führten oder wo fahre ich hier eigentlich gerade entlang?!

Bernd M. Hilbert

Bisher erschienen:

Wie mich viele Wege nach Rom führten oder was mache ich hier eigentlich gerade? © 2020

Wie mich viele Wege nach Rom führten oder wo fahre ich hier eigentlich gerade entlang? © 2021

© 2021 Name des Autors: **Bernd M. Hilbert**

Auflage: 1. Auflage

Umschlaggestaltung, Illustration: Bernd M. Hilbert, Lars Jacoby
Lektorat, Korrektorat: Helmut Hessinger, Natalie Gelder
Übersetzung: keine
Herausgeber: Bernd M. Hilbert
weitere Mitwirkende: keine

Verlag und Druck: tredition GmbH, Halenreie 40-44, 22359 Hamburg

ISBN Taschenbuch: 978-3-**347**-22921-1
ISBN Hardcover: 978-3-**347**-22922-8
ISBN e-Book: 978-3-**347**-22923-5

Bibliografische Information der Deutschen Nationalbibliothek: Die Deutsche Nationalbibliothek verzeichnet diese Publikation in der Deutschen Nationalbibliografie; detaillierte bibliografische Daten sind im Internet über http://dnb.d-nb.de abrufbar.

Für Natalie
Für meine Familie, die alte und die neue
und auch für mich selbst

Für Dich

Inhaltsverzeichnis

Vorwort

Da habe ich nun also den 2. Teil meiner Trilogie „Wie mich viele Wege nach Rom führten" fertig gestellt. Nachdem ich mich im ersten Teil doch etwas mehr mit den Irrungen und Wirrungen auseinandergesetzt habe, welche individuelle Gegebenheiten und Erfahrungen aus der Vergangenheit einen möglichen Einfluss auf einen Menschen haben können, setze ich mich hier mit eher gegenwärtigen Themen auseinander um damit wie Sie, verehrte Leserin und Sie, verehrter Leser im so genannten Alltag meine Sinne und Wahrnehmungen zusätzlich schärfen zu können.

Denn es geht doch meistens im Alltagsleben darum, sich weder im Gram mit einer oder eben auch Ihrer eigenen Vergangenheit auseinander zu setzen und auch keinesfalls darum, ausschließlich verängstigt in die Zukunft zu schauen, was denn so alles vielleicht und eventuell geschehen könnte, wenn Ihr Umfeld mal wieder Einfluss auf Sie und Ihr Leben nimmt, obwohl Sie genau dieses überhaupt nicht möchten.

Es hat sich, zumindest für mich, als durchaus hilfreich erwiesen, mich doch einmal intensiv mit all den unangenehmen Dingen aus der Vergangenheit auseinander zu setzen, es auszusprechen und bestmöglich meine Gefühle zu verbalisieren. Aber halt auch die Vergangenheit Vergangenheit sein lassen zu können. Eben durch einen veränderten Blickwinkel auf diese Erlebnisse das Gefühl zu verändern, welches sich bisher bei mir eingestellt hatte, wenn ich mal wieder alle Arten von doofen Gefühlen durchlebt hatte.

Wenn Sie also mittels einer professionellen Begleitung durch einen Therapeuten, Coach oder wem auch immer das Vergangene abschließen konnten, weil Sie eben Ihren Blick darauf und Ihre Gefühle und Empfindungen dazu verändern konnten, möchte ich Ihnen hiermit schon einmal herzlich dazu gratulieren.

Manchmal können jedoch auch die Gedanken über Ihre Zukunft, die Zukunft Ihrer Lieben und/ oder die Zukunft der Welt blockieren oder einfach nur Ängste bereiten.

Aber könnte nicht alleine schon einmal die Differenzierung darin, was Sie hier alles auch selbst bestimmen könnten und können, durchaus den ein oder anderen Qualitätsunterschied in Ihrem Leben nach sich ziehen?

Mal abgesehen davon, dass Sie, um sich Ihr künftiges Leben so schön wie möglich gestalten zu können, es doch durchaus sinnvoll und praktisch sein kann, wenn Sie sich Ihr zukünftiges Leben eben auch mal schön, bunt und erfolgreich ausmalen. Statt wie sonst üblich in pessimistischen Moll Tönen und grauen Farben.

Denn praktischerweise kann Sie Ihr Unterbewusstsein zum einen in eine trübe und triste Zukunft führen, oder eben Sie zu Ihren großen und großartigen Zielen und zur Erfüllung Ihrer Träume und Visionen. Und Ihnen diese Zukunft in großartigen und bunten Farben ausmalen. Ich persönlich entscheide mich da lieber für die Variante 2, weil sie mir wahrscheinlich etwas mehr Spaß und Freude bereitet, als wenn ich mir nur eben mir meine Zukunft dauerhaft schwarz malen würde. Dann male ich mir eben lieber meine eigene Zukunft schön und bunt, um mich eben auch selbst viel einfacher von meinem Unterbewusstsein auch genau dort hinführen zu lassen.

Wichtig jedoch, bei all Ihren Gedanken zu Vergangenheit und Zukunft, zu Fremdbestimmung und Selbstbestimmtheit, sollten Sie eines nach Möglichkeit immer im Herzen behalten. Sie leben im Hier und Jetzt in Deutschland in einer der sichersten und am besten versorgten Umgebungen der Welt. Und ich lebe jeden Tag in Dankbarkeit und Demut für genau diesen Umstand, der mich mein Leben leben lässt.

Wie schon in meinem ersten Buch beschrieben, ersetzt auch dieses Buch keinesfalls eine Konsultation eines Psychologen oder Psychotherapeuten (Verzeihung Psychologin; Psychotherapeutin). Ich gebe keinerlei Heilversprechen ab und schließe auch jedwede Haftung für Schäden und/ oder Folgeschäden aus.

Und gleichzeitig freue ich mich von Herzen darauf, Sie an meinen Gedanken zu gegenwärtigen Themen teilhaben zu lassen. Und Ihnen vielleicht auch nur einen einzigen Impuls geben zu können, mittels dem Sie Ihr Leben ein klein wenig angenehmer, attraktiver und liebevoller mit sich selbst und Ihren Mitmenschen gestalten können. Denn dann hat sich für mich das Schreiben dieses Buch bereits gelohnt.

Herzlichst

Bernd M. Hilbert

Kapitel 1 Weiter geht's….

01.03.2020 17.35 Uhr

Schön, Dich wieder zu sehen.
Jetzt sind ja nun doch ein paar Tage vergangen, nachdem Du, und ich würde mich freuen, wenn wir beim Du aus dem ersten Teil dieser Trilogie bleiben können, das erste Mal etwas von mir und über mich lesen konntest.
Nach den ersten Stunden des Erscheinens von Teil 1 habe ich mich xfach gefragt, ob ich denn auch das Richtige getan habe. Ebenso ob meine Seiten überhaupt gemocht werden und Anklang finden. Ob ich selbst denn danach auch noch gemocht werde. Wie werden mich meine Mitmenschen, Freunde und Kollegen/ Kolleginnen wahrnehmen? Wie werden meine Gedanken zum Beispiel auch von Menschen aufgenommen, die mir nahestehen?
Generell habe ich also immer erst noch nach möglichen Fehlern gesucht und mich und meine Leistung hinterfragt. Und mich selbst generell hinterfragt, warum mir 100% Sicherheit und zu 100% gemocht zu werden, immer noch so wichtig sein könnten.
Gibt es hier überhaupt die 100 %? Und wie wahrhaftig wäre denn genau diese Sicherheit? Würde ich nicht auch diese scheinbare vollständige Sicherheit hinterfragen. Ob sie denn auch wirklich so gemeint ist….

Auf jeden Fall habe ich jetzt mal spontan entschieden, und 4 Monate früher, als eigentlich geplant, begonnen, mich erneut ans Werk zu machen und loszulegen. Zu starten mit diesen Zeilen und Teil 2 meiner Trilogie, welche mich und, falls Du Lust hast, mich weiterhin dabei zu begleiten, auch Dich, einen Schritt weiter hin zu der Entdeckung, Formulierung und Umsetzung meiner, bzw. unserer Visionen führen könnten.

Nachdem ich mich also in Teil 1 („….Was mache ich hier eigentlich gerade?") das ein oder andere Mal mit den Entwicklungen und Auswirkungen aus meiner Vergangenheit heraus beschäftigt habe, möchte ich Dich in diesem Teil eher an meinem gegenwärtigen Leben teilhaben lassen. Es geht hier vermehrt um das Thema, welche Irrwege Du in Deinem Leben zurücklegst, um an ein vermeintliches Ziel zu gelangen und dort anzukommen.

Was ich damit meine? Nun, inwieweit versuchst Du in Deinem Leben, anderen Gutes zu tun? Inwieweit berücksichtigst Du dabei aber auch Deine eigenen Wünsche und Bedürfnisse? Wo siehst Du Dich überhaupt? Heute und gerade in diesem Moment, in einer Woche, in einem Jahr? Lebst Du vielleicht nur auf das Ziel des Erlebens Deiner Rente hin und verpasst dabei die ein oder andere Möglichkeit im Hier und Jetzt, einen anderen Weg zu Deinem Ziel zu gehen? Was auch immer Dein Ziel oder Deine Ziele im Leben sein könnten.

Wie konkret bist Du denn zum Beispiel in deren Formulierung? Und Im Bewusstsein dieser Ziele? Wie konkret gehst Du an die Umsetzung Deiner Ziele?

Vor einigen Wochen habe ich zu meinem ersten Buch die Rückmeldung erhalten, dass ich doch bitte schnellstmöglich mit dem Schreiben des weiteren Teils anfangen und ihn vollenden sollte. Natürlich habe ich mich in diesem Moment sehr geschmeichelt gefühlt und mich vor besagten einigen Wochen an das Schreiben dieses Buches gesetzt.

War ich jedoch in diesem Moment wirklich bei mir? Hatte ich wirklich den inneren Antrieb, mit der Niederschrift meiner weiteren Gedanken, anzufangen?

Nein, nicht wirklich.

Ich glaube, ich wollte mal wieder einfach nur Gefallen….

Ergo machte diese Vorgehensweise nicht wirklich Sinn.

Ich sitze nun also im Wohnzimmer meiner Partnerin und fasste heute Morgen, während eines langen Spaziergangs, den ich teilweise alleine bestritt, meinen Entschluss, innerhalb der kommenden 6 Monate wieder ein Buch fertig zu schreiben.

Ich habe Dir ja schon einmal beschrieben, dass ich so das ein oder andere Potential in einem guten Umgang mit wirklicher Nähe zu anderen Menschen habe. Ich habe somit mein bisheriges partnerschaftliches Leben immer so aufgebaut gehabt, dass ich jeweils sehr schnell wieder nach Hause fahren konnte. Länger als 2 oder 3 Tage am Stück mit jemandem zu verbringen, schien mir einfach unmöglich, vor allen Dingen hatten sich diese Vorstellungen, dass ich es nicht könnte, schon so sehr in meinem Gedankenkarussell manifestiert, dass ich es auch gar nicht mehr anders wollte. Klingt komisch? Ja, wenn ich es so niederschreibe und während des Schreibens meine Vergangenheit reflektiere, war es auch nicht wirklich einfach und vor allen Dingen durchaus ambivalent.

Denn von einer Familie zu träumen, davon zu träumen, mit jemandem zusammen vor dem Fernseher zu sitzen und einen schönen Film zu sehen, aber diese Gelegenheit dann nicht, wenn sie sich bot, auch zu nutzen, weil ich ja zu viel Nähe auch nicht wollte, ist insgesamt ein durchaus anstrengendes Unterfangen. Sei es nun für mich, aber eben auch für mein jeweiliges Gegenüber.

Nun war es jetzt in den letzten 3 Jahren so, dass ich sonntags abends meine Tasche packte, um nach Haus zu fahren. Ich wollte mich um meine Wäsche kümmern, hatte meine Einkommenssteuererklärung zu machen, wollte was erledigen, blablabla.... Ich wollte es mir wohl im eigentlichen Sinne nur bequem machen und vor dem Fernseher sitzen und irgendwie nichts tun. Habe dann etwas gegessen und mich irgendwie in Selbstmitleid gesuhlt, da ja Montag früh mal wieder der Alltag im Büro vor der Tür stand und, wie Du Dich vielleicht erinnerst, ich auch dort nicht wirklich meine emotionale Erfüllung vorfand.

Es ist jetzt also gerade mal 14 Tage her, dass ich meine Gedanken zu einem Beziehungsavatar (meinem Idealbild einer Beziehung) verbalisieren durfte. Meine Aufgabe war es, mir 2 Wochen darüber Gedanken zu machen, wie ich mir eine idealtypische Familie ohne irgendwelche Grenzen und Beschränkungen vorstellen würde. Und das einmal aus der kindlichen Sicht, wie ich mir also als Kind eine Familie gewünscht habe und einmal aus der heutigen, meiner erwachsenen Sicht. Eine kleine Herausforderung, die mich jedoch auch ins Träumen kommen ließ. Ich hatte Visionen und zwar jetzt nicht nur im Businesskontext, sondern eben auch, was meine zukünftiges Privatleben anging. Ich packte also an besagtem Sonntag meinen Koffer und begab mich in mein bisher emotional größtes Abenteuer. Probewohnen über einen längeren Zeitraum (2 Wochen) zusammen mit einem Menschen. Das erste Mal also, nach meinem Auszug bei meinem Vater vor knapp 28 Jahren, dass ich mich auf sowas eingelassen habe. Ich fuhr also mit meinem gepackten Koffer los und befand mich wie in einem Tunnel. Und stellte mir, als ich am Zielort ankam, die Frage, wo ich hier eigentlich entlang gefahren bin. Ich kam zwar wohlbehalten an, hätte Dir jedoch rückblickend nicht wirklich sagen können, ob und wie viele Autos mir auf der Strecke begegnet waren. Ich war gedanklich einfach nur ganz woanders.
Erschreckend? Ja. Und ich war nüchtern. Stocknüchtern. Ich war also vollkommen in meinem Gedankenkarussell gefangen und beschäftigte mich mit meinem Standardprogramm, der, vor allen Dingen negativ ausgerichteten, Kopfwichserei.

Ich überlege gerade, inwieweit ich jetzt nochmals in die tiefsten Abgründe meiner Gedanken und meines Seelenlebens zur Thematik des Zusammenlebens mit einem Menschen abtauchen möchte, aber ich möchte es zumindest mal als sehr tiefsitzende, existenzbedrohende Ängste beschreiben, die ich durchlebte und die ich durchschritt. Und dabei ging es doch einfach nur darum, testweise mehr Zeit mit meiner Partnerin zu verbringen, als ich es jemals vorher mit einem Menschen außerhalb meiner Herkunftsfamilie getan hatte.

Meine derzeitige Wohnung habe ich jetzt einfach mal behalten und natürlich damit die jederzeitige Option, zurück in meine Wohnung zu kehren.

Irgendwie glaube ich, dass diese freiwillig „gezwungene" Ausweitung meiner Komfortzone mich durch tiefsitzende Ängste vor einem möglichen Verlust meiner eigenen Identität, einem Verlust meiner Sicherheit und eigenen Freiheit, sowie meiner gesamten eigenen Existenz geführt hat. Und komischer- und überraschenderweise hab ich auch diese Phase, wie so viele Phasen vorher auch, der Ängste und Furcht wieder überstanden.

Wie konnte ich nun für mich erkennen und spüren, was mich in Kontakt mit eben meinen tiefsitzenden Existenzängsten gebracht hat? Ich betrachtete mir mein inneres Bild dieser gefühlten Konstellation mittels einer systemischen Aufstellung und spürte in mir, dass ich in der Zeit meines jetzt engeren Kontaktes zu meiner Partnerin meine inneren Kindanteile vollständig aus dem Blick verloren und eben keinerlei Kontakt mehr zu diesen, meinen inneren Kindern hatte. Meine inneren Kinder, die eben so viel Bedürfnis nach Aufmerksamkeit, Nähe, gefühlter Sicherheit und Kontakt haben. Vor allen Dingen eben das Bedürfnis an Aufmerksamkeit und Kontakt zu mir selbst.

Und irgendwie hatte ich diesen Kontakt zu mir selbst, während dieser Ausweitung meiner Komfortzone, sowas von verloren. Ich fühlte mich, gerade zu Beginn meines dauerhaften Wohnens bei meiner Partnerin, also innerlich komplett leer, unter Stress und alleine.

Wie sieht es derzeit mit meinem inneren Seelenleben aus, wenn ich an das Zusammenwohnen mit meiner Partnerin denke? Ich habe inzwischen wieder zu einem guten Kontakt mir selbst gefunden. Konnte, nachdem ich sprichwörtlich wieder vollständig in meiner Präsenz angekommen war, einfach mehr dieser gemeinsamen Zeit mit meiner Partnerin und vor allen Dingen mit mir selbst, innerhalb dieses engeren Kontaktes wahrnehmen, fühlen und genießen.

Was ich nun für mich aus diesem inneren Vorgang gelernt habe, war vor allen Dingen, dass ich fühlen darf, was mit mir innerlich so los ist.
Ich kann und darf aussprechen, was mit mir innerlich los ist. Und ich kann inzwischen ziemlich schnell erkennen und lösen, was mich gerade viel zu sehr beschäftigt, ohne mir darüber viel zu viel und endlose Gedanken zu machen, was irgendein Vorgang für eventuelle spätere und furchterregende Auswirkungen auf mich haben könnte. Um hier eben nicht mehr in endlose und vielleicht manchmal einfach unnötige innere Gedankenschleifen einzutreten und mich damit selbst dauerhaft zu blockieren. Und das gerade wenn ich ja den eigentlichen Grund dahinter, nämlich die Erfüllung meines Wunsches, mehr gemeinsame Zeit mit einem wunderbaren Menschen verbringen zu können und von diesem endlich Nähe, Fürsorge und Geborgenheit zu erfahren, quasi auf dem Silbertablett serviert bekomme.

Meine Quintessenz nun aus diesen Erlebnissen des Zusammenlebens? Ok, ich nehme also inzwischen sogar Geschenke an, ohne wirklich etwas dafür tun zu müssen und gleich in eine Gegenleistung gehen zu wollen. Und schaffe es trotzdem, mir meine kleinen inneren Momente der Ruhe und des bewussten Alleine seins zu nehmen und diese zu genießen. Eine Beziehung zu führen und mit jemandem zusammen zu leben, bedeutet also auch keinesfalls, ausschließlich in einem so genannten entweder alleine oder nur mit diesem Menschen zu sein, wie ich es auch gegenüber meiner Partnerin leicht ängstlich ausgedrückt hatte.

Ja, ich habe inzwischen wahr genommen und gespürt, dass ich in einem sowohl als auch, auch während eines gemeinsamen Waldspaziergangs, auf einen anderen Waldweg abbiegen darf und kann. Ich darf und kann also immer und immer wieder, weiterhin, meinen eigenen Weg gehen, um an meinem ganz persönlichen Rom und meinem eigenen inneren zuhause anzukommen.

Viel gefühlt und viel gelernt und innerlich in meiner Rückschau für gut befunden.

Welche Wege gibt es denn in Deinem Leben, die Du gehen möchtest, vor denen Du aber eine existenzielle Angst hast?

Welchen Nutzen hat diese Angst in Deinem Leben, was ist also das Gute am Schlechten?

Wie lange brauchst Du diesen Schutz noch für Dich? Und damit meine ich, wie lange Du diesen Schutz wirklich brauchst, weil Du irgendwo in Dir fühlst, dass Du das Ziel dahinter, wirklich und aus tiefstem Herzen, in Dein tägliches Leben integrieren möchtest. Und das ja schon seit vielen Jahren oder „eigentlich" Dein ganzes Leben lang?

Vielleicht könnte es ja ein sowohl als auch, statt des beschriebenen entweder oder für Dich geben, so dass Du dieses Ziel, welches Dir so große innere Angst bereitet, trotzdem in Deinem Leben einfügen und integrieren könntest?

Wessen Ängste sind es denn wirklich, wenn Du einen neuen Weg für Dich und Deine Zukunft einschlagen könntest? Sind es die Ängste Deines so genannten erwachsenen Teils oder eventuell die Ängste des inneren Kindes in Dir, welches Du bei der Sicht auf Deine Möglichkeiten, eventuell ein wenig aus dem Blick verloren gehabt haben könntest? Und wie könntest Du in diesem Zusammenhang wieder alle Deine inneren Bedürfnisse wahrnehmen und wertschätzen, um einfach nur innerlich weiter zu wachsen und Dir und Deinen Leben neue Perspektiven zu geben, indem Du einfach in Deinem Gehirnwindungen für neue neuronale Verknüpfungen und neuen Bahnen sorgst, indem Du Deine tiefsitzenden Ängste wahrnimmst, sie fühlst und annimmst.
Viel Spaß damit......

Kapitel 2 Das innere Drama

Am Mittwoch, den 04. März 2020, setzte ich mich in mein Auto und fuhr zum Bodensee. Ich wollte bei einem Workshop zum Thema „Quantenheilung, codiere Deine Energie auf Reichtum und Fülle" der wunderbaren Saskia Winkler teilnehmen.
Vielleicht kommt Dir ja das Gefühl bekannt vor, dass Du Dich spontan und aus dem Bauch heraus, für etwas entscheidest, obwohl Du nicht wirklich weißt, worauf Du Dich einlässt. Ok, von Energiearbeit und Quantenheilung, hatte ich schon einmal gehört und mich bereits damit beschäftigt. Nur wollte ich für mich mal wieder schön strukturiert und nach Schema F mal wieder was Neues lernen. Und eventuell mit Zertifikat nach Hause kommen. Sprich, dass ich in einem Bereich erst dann wirklich firm bin, wenn ich mindestens über ein Teilnahmezertifikat verfüge.
Nun kam es , wie es kommen musste...... Einfach anders.
Ich fuhr gemütlich durchs Elsass an den Bodensee, checkte im Hotel ein und wurde morgens im Workshop mit den Worten begrüßt, dass es weder Unterlagen, noch etwas zum Mitschreiben geben würde. Hmmmm.
Habe ich erwähnt, dass ich vorab noch die Info erhielt, der einzige Mann unter 15 Frauen beim Workshop zu sein? Ok, die einen würden sagen, dass ich's eben drauf hab. Mein Schatz sagte hier nur „Üüüübung", um hier in den guten Kontakt zu mir unbekannten Menschen zu kommen. Und hier eben die gute Nähe üben zu können. Für mich hieß es einfach nur, Herausforderung angenommen, denn ich wollte Inhalt mitbekommen und gleichzeitig in einer guten Verbindung sein. In Verbindung mit allen Menschen vor Ort sein. Gleichzeitig abends auch alleine zurecht kommen, ohne wiederum in einen Einsamkeitskoller zu verfallen. Eben

einfach schöne Tage in entspannter Ruhe und Gelassenheit an einem anderen, einem mir unbekannten Ort verbringen. Wir begannen also alle in die Welt des Fühlens von Energie einzutauchen. Insgesamt an 4 spannenden Tagen, die ich jedem, auch ohne irgendwelche Vorbildung im diesem Thema, von Herzen empfehle.

Unabhängig davon wurde ich am Abend des 2. Tages vom Hotelbesitzer informiert, dass mir jemand in mein parkendes Auto fuhr und wohl Fahrerflucht begangen hatte. Die bereits durch einen Zeugen informierte Polizei würde eben gerne auch meine Daten aufnehmen wollen.

Rückblickend dachte ich so bei mir, dass sich die beiden Polizisten doch mindestens gewundert haben mussten, warum mich dieser Vorgang nicht wirklich tangiert hat. Soweit so gut, denn nachdem ich meine Personalien als Besitzer des Fahrzeuges angegeben hatte, stieg ich die Treppenstufen hinauf zu meinem Zimmer und, richtig, übersah eine der Stufen.

Immerhin bin ich dieses Mal die Treppen hinauf gestürzt, statt wie sonst hinunter. Nachdem mich die hinzugerufenen Sanitäter versorgt hatten und mich ins ortsansässige Spital gefahren hatten, nahm ich auch dort an den erforderlichen Untersuchungen mit einer gewissen Gelassenheit teil. Es war halt eben so. Ich konnte die Situation annehmen, denn es war vorbei und mir war, neben einer kleinen Platzwunde und einiger Prellungen nicht wirklich mehr passiert.

Ok, das ursprünglich mit der Seminarleiterin und einer Teilnehmerin vereinbarte Abendessen lief ohne mich ab und ich befand mich nunmehr in einem Hotel, ziemlich weit weg von Zuhause. Ich befand mich letztendlich alleine, an einem mir unbekannten Ort, aber ich war eben einfach auch aus meinen früheren sonstigen Dramen heraus. Denn wo ich mir früher so ziemlich alles in größter und negativer Dramatik ausgemalt hatte, war ich ziemlich bei mir. Ich war in innerer

Ruhe und habe meine Situation eben einfach so annehmen können, wie sie ist. Gut, das Abendessen muss wohl sehr lecker gewesen sein, aber das hatte ich nun einfach mal verpasst.

Ich hatte jedoch auch in diesem Moment nicht mehr das Bedürfnis, Mama und Papa anzurufen und Aufmerksamkeit haben zu wollen. Ich informierte meinen Schatz und nahm meine Situation einfach an. Denn ich wurde eben auch ärztlich versorgt und hiernach heimgefahren. Natürlich stellte ich mir und der Seminarleiterin meine obligatorische Frage nach dem Warum. Und warum mir. Einfach was mir das Ganze sagen sollte. Und mit ihrer Antwort hatte Saskia Recht....ja, ich war jetzt raus. Raus aus meinem früheren kindlichen Drama. Und war endlich auch in diesem Kontext erwachsen geworden. Obwohl der Kram ja doch schon ziemlich weh tat....

Ich erholte mich jedoch auch ziemlich schnell und nahm einfach weiter am Workshop teil. Ich schenkte meinen Beschwerden einfach weniger Beachtung, als ich das früher sonst immer, wirklich immer, getan hatte und konnte mich somit nicht nur aus meinen sonstigen Dramen, was mir doch alles Schlimmes wiederfahren war, lösen und fokussierte mich auf mich. Denn ich wollte ja etwas lernen, die Energie des Workshops und die hieraus resultierenden Heilungen erfahren.

Darüber hinaus durfte ich auch den ein oder an oder anderen Impuls an meine Mitstreiterinnen weitergeben.

>Insgesamt ist mir die gemeinsame Zeit mit Menschen die, ähnlich wie ich, in ihrer eigenen Zeit und mit ihren eigenen Ideen weiterkommen wollen, um etwas mehr Liebe, Freude und Glück an andere Menschen vermitteln und transportieren zu können, enorm wertvoll und wichtig. Wahrscheinlich führte mich dieser Umstand noch schneller in meine eigene Heilung. Und ja, es waren einfach tolle Frauen,

die ich habe kennenlernen und ein Stück ihres Weges begleiten dürfen. Wir haben hier gemeinsam gelacht, gemeinsam gegessen und getanzt, gemeinsam meditiert und uns gegenseitig auch herausgefordert.

Zum Beispiel habe ich hier eine Challenge begonnen, dass ich mit diesem, meinem 2. Buch, bis zum 30.09.2020 fertig sein werde. Genau wie Birgit mit ihrem. Das wird spannend, da ich sowas auch noch nicht gemacht habe. Ein gegenseitiges pushen bei einem Herzensprojekt und das bei einem Menschen, den ich gerade erst mal kennengelernt habe.

Ich weiß nur, dass ich auch mit meinem neuen Buch durch meine kleinen Geschichten aus meinem verwirrenden Alltag versuchen möchte, möglichst viele Menschen mit auf eine Reise zu nehmen. Damit sie auf ihrer Reise immer näher und näher an ihre Ziele, die Formulierung und Erfüllung ihrer Visionen und eben in ihr persönliches Rom gelangen. Und das mit immer weniger Umwegen und immer weniger Anstrengung, da ja das eigene Leben, zumindest aus meiner Sicht, durchaus eh schon die ein oder andere Anstrengung mit sich bringt. Und je weniger davon, umso besser ist das. Weniger Anstrengung, weniger Dramen darum, wie böse es doch das Leben meistens meint, obwohl wir ja schon ein wunderbares, fast schon luxuriöses Leben, in einem der reichsten Länder der Welt führen dürfen. Selbstverständlich darf und muss es immer mehr und mehr sein…. aber nur wovon? Mehr Geld auf dem Konto? Mehr Anerkennung und vermeintliche Bewunderung durch andere, nicht zu verwechseln mit Neid? Oder vielleicht einfach mehr Spaß, mehr Freude, mehr Kontakt, mehr Zufriedenheit, mehr im eigenen Herzen sein und mehr in der Liebe zu sich selbst und zu anderen Menschen?

Welche inneren Dramen hast Du von Kindesbeinen an gekannt?
Und lebst sie bis zum heutigen Tage weiterhin aus?

Wann und wie konntest Du Dich aus diesen Dramen lösen, um endlich Dein wahres und wahrhaftiges Leben, als der heutige Erwachsene, zu leben und auszufüllen?
Und was könntest Du benötigen und brauchen, um Dich immer mehr und mehr aus Deinen inneren Dramen zu lösen und eben endlich Dein wahres und wahrhaftiges Leben, als der heutige Erwachsene, der Du bist, zu leben und auszufüllen?

Kapitel 3 Derzeit fahre ich nirgendwo hin

Wir schreiben Samstag, den 21.03.2020 und es herrscht draußen eine fast schon gespenstische Stille. Aktuell beherrscht seit einigen Tagen, bzw. Wochen, ein durchaus beängstigendes Thema die Medien und die Gedanken und Emotionen der Menschen und durchaus auch von mir selbst.

Am gestrigen Freitag nahm ich mir spontan einen Tag frei. Ich habe diesen Tage bei meiner Partnerin verbracht und unter anderem einen ausgedehnten Spaziergang im Wald unternommen.

Ich lief so entspannt meines Weges entlang und lauschte den Vögeln, die, in durchaus erhöhter Anzahl, im Wald vor sich her zwitscherten. Die Sonne schien und ich war im Hier und Jetzt, genoss die Sonne, beschäftigte mich mit meiner Strategie und meiner Vision für meine Zukunft.

Und verlor auf einmal meinen Geldschein, den ich für meinen anschließenden Einkauf dabei hatte. Er war auf einmal nicht mehr da. Und was geschah im direkten Moment danach? Ich befand mich ratzifatzi wieder in meinem obligatorischen Gedankenkarussell.

Musste also wieder nach Hause laufen, um neues Geld zu holen und wäre noch länger auf den Straßen unterwegs, als ich ursprünglich vorhatte und wollte.

Ja, ich hatte auch gerade in den Medien von einer anstehenden Ausgangssperre gelesen. Eine Situation, welche für mich neu war und derzeit, wenn ich gerade diese Zeilen schreibe, immer noch neu ist.

Ein Virus befindet sich derzeit im absoluten Mittelpunkt des Geschehens und der Nachrichten, beschäftigt auch mich und meine Gedanken und ja, bereitet mir durchaus angstvolle Momente. Worauf ich jedoch näher eingehen möchte, sind die Dinge, die wir manchmal aus den Augen und aus den

Ohren verlieren, nur weil uns das Gehirn, sei es bewusst oder eben auch im Unterbewusstsein, versucht, in Richtung Ängste, eigene Fehler, mögliche unerfüllte Wünsche oder was auch immer leitet.

Wir sind äußerst selten im gerade stattfindenden Augenblick präsent, um den es wirklich geht. Wir befinden uns nur äußerst selten einfach nur im Hier und Jetzt. Und gerade dabei geht uns doch so viel verloren, wenn wir uns nur den, leider meist negativen Gedanken über mögliche Konsequenzen aus unserem bisherigen oder auch dem künftigen Handeln hingeben und nicht wirklich in der derzeitigen Situation verweilen.

Einen kleinen Überblick über meine Gedanken in dem Moment gefällig?

Gerne: erstmal reflektierte ich, wann auf der Strecke ich das letzte Mal den gefalteten Schein in meiner Tasche fühlte. War der Schein, wenn ich zurückging, noch an der Stelle oder bereits gefunden? Wenn er gefunden war, hätte es dann wenigstens eine Person glücklich gemacht, die das Geld wirklich gebrauchen würde? Sollte ich dem potentiellen Finder das Geld einfach gönnen? Und einfach einen neuen Schein holen, um dann einkaufen zu gehen? Wie viel Zeit würde ich durch die Suche verlieren? Würde ich dann mich rechtfertigen müssen, warum ich so lange weg war? Und so weiter und so weiter.

Was ich dabei überhaupt nicht mehr wahrnahm, war das Zwitschern der Vögel. Ich spürte keine Sonne mehr auf der Haut und war in Gedanken bei den Konsequenzen einer anstehenden Ausgangssperre aufgrund eines Virus, der ja so weit entfernt war und ist. Darüber hinaus war mir die mögliche Kursentwicklung einer gerade laufenden Investition wieder in den Sinn gekommen. Ich war also einfach gedanklich bei allen möglichen Dingen, Umständen und ja, auch wieder bei den beschriebenen persönlichen Dramen, statt einfach nur meinen Moment gerade im Hier und Jetzt und in der freien Natur, ohne Ausgangsbeschränkungen wahrzunehmen und zu genießen. Schade? Richtig. Erschreckend? Genau. Weil leider einfach so vielfach normal. Bedeutete dies jedoch auch einen möglicherweise weiteren Schritt im Training meiner Persönlichkeit? Japp, genau richtig.

Und ich bin so unendlich dankbar, dass ich mir dieser Umstände genau in diesem Moment bewusst wurde. Ich drehte also auf dem Weg um. Und beschloss für mich, wenn ich den Schein wieder finden würde, den zweieinhalbfachen Betrag zu spenden und, während ich den Blick dauerhaft auf den Boden gesenkt hatte, trotzdem wieder die Vögel und die Natur wahrzunehmen. Denn vielleicht würde es ja jetzt einige Tage oder Wochen dauern, bis ich wieder im Wald spazieren dürfte.

Lange Rede, kurzer Sinn. Ich fand den Schein nach da 7 Minuten wieder, ging großartig Gemüse einkaufen und spendete, weil ich irgendwie nicht so ganz mit dem Computerprogramm zurechtkam, den 5 fachen Betrag an eine Organisation, die mir seit vielen Jahren am Herzen liegt, da sie kranken Kinder ihren größten, bzw. teilweise auch ihren letzten Wunsch erfüllen. Ich war einfach, ob der gesamten Situation um mich herum dankbar und demütig, dass ich diesen Weg für mich gehen konnte und ich mit diesem Geldschein auf jeden Fall endlich auch mal wieder etwas Gutes tun konnte.

Denn in Wahrheit haben wir doch so ziemlich alle genug. Es reicht, um gut zu leben und das Leben zu genießen.

Ich habe für mich den Glauben und die Idee, dass eben viele Menschen oftmals einfach Hilfe benötigen und diese auch bekommen sollten, wenn es sich für Dich gut und richtig anfühlt und Du zum Beispiel weißt, dass damit ein Projekt, welches Dir am Herzen liegt, Deine Unterstützung findet.

Darüber hinaus ist Geld eben auch eine Form von Energie. Denn wie soll beispielsweise Geld den Weg wieder zu Dir zurückfinden, wenn Du es hortest und nur auf Deinem Konto versauern lässt? Gönne Dir etwas, hilf anderen und hab Spaß und Freude im Leben. Denn mitnehmen kannst Du es auch nicht wirklich.

Wie oft hast Du pro Tag Deinen Blick/ Deinen Fokus auf den Dingen, die Dir Freude bereiten?
Und wie oft bist Du im Hier und Jetzt und hörst und nimmst unter anderem die Natur um Dich herum wahr?
Wie lange schaffst Du es, wirklich bewusst Dein Sein zu genießen, ohne wieder in Deine Gedankenwelt in Vergangenheit und Zukunft abzuschweifen?
Was ist Dir wichtiger? Geld oder die einfachen und schönen Dinge der Natur und des Lebens?
Wie oft lässt Du Dich von Geld ablenken? Ablenken von den Dingen, nach denen sich Dein Herz sehnt?
Und wonach sehnst sich Dein Herz, sehnst Du Dich wirklich?

Kapitel 4 Das Virus mit dem Namen C

Wie ich ja schon beschrieben hatte, führte mich im März 2020 eine surreale Erscheinung in so machen Denkprozess. Erstmal erschien in weiter Ferne eine Viruserkrankung Menschen in Krankenhäuser zu führen. Einige Menschen verstarben, jedoch spielte sich das alles im fernen China ab.

2 Monate später, im besagten März näherte sich dieses Phänomen immer näher und führte in Deutschland zu Umständen, wie ich sie nur aus den Fernsehnachrichten in den 1980 er Jahren über sozialistische Regime in Südamerika kannte. Hamsterkäufe und Reglementierungen, Ausgangssperren und Durchsagen von Polizei und Feuerwehren, welche Dich aufforderten, bei Strafandrohung, im Haus zu bleiben.

Nach 10 Jahren ununterbrochenen Wirtschaftsaufschwungs weltweit, waren die weltweiten Aktienbörsen in einem Tempo zusammengerauscht, wie ich es vorher nur sehr selten erlebt hatte. Nun gut, bei den vorherigen Übertreibungen nach oben, war es für mich nur eine Frage der Zeit, bis diese Korrekturen haben kommen müssen. Sonstige Kleinigkeiten, wie ein Wirtschaftskrieg zwischen USA und China hatten den Aktienmärkten nicht wirklich etwas anhaben können. Da musste eben erst ein Virus auftauchen und die Börsen auf Talfahrt schicken. Nebenbei sorgten massiv sinkende Ölpreise pro Ölfass für Überraschungen. Denn zwischenzeitlich sanken die Preise unter das jeweilige Niveau der Herstellungskosten einzelner Produzenten.

Ein Schelm, der also böses denkt, wenn es die Wirtschaft mal wieder etwas übertreibt. Märkte müssen und werden irgendwann Übertreibungen korrigieren. Eine logische Schlussfolgerung. Nur bedarf es manchmal eben eines Auslösers und sei er auch noch so klein und für das menschliche Auge nicht sichtbar.

Dieses Virus versetzte also fast die ganze Welt in den Ruhezustand. So ziemlich alles wurde auf Null herunter gefahren. Produktionsbetriebe schlossen, ganze Wirtschaftszweige, Tourismus usw. wurden komplett stillgelegt.

Prompt eroberte sich die Natur sehr schnell wieder ihr Terrain zurück, welches sie über viele Jahre, z.B. an den Tourismus, hatte abgeben müssen. Ein kleiner, angenehmer Nebeneffekt in einer insgesamt erschreckenden Gesamtsituation. Denn es war wunderschön, spazierend im Wald, endlich mal wieder viele Vögel zwitschern zu hören. Spannend auch, wenn Du direkt neben der Autobahn eine Herde von 10 oder 12 Rehen siehst, welche sich, aufgrund des doch geringen Verkehrsaufkommens in diesen Tagen, sehr nahe an die Autobahn ohne Absperrung heran gewagt haben.

Ich habe nun inzwischen 10 Tage, mehr oder weniger freiwillig, in einer Art selbst gewählten häuslichen Abgeschiedenheit verbracht. War ich an diesem Virus mit dem C im Namen erkrankt? Ich weiß es nicht. Werde ich es denn jemals erfahren? Oder möchte ich es überhaupt wissen?

Nachdem ich also am Montag vor einer Woche minimalste Schnupfensymptome und ein leichtes Kratzen im Hals verspürte, entschieden sich mein telefonisch kontaktierter Hausarzt und ich, auch auf Bitten meines Chefs, für eine 10 tägige Krankschreibung.

Aufgrund der Gesamtsituation war eine, sonst obligatorische, Vorsprache beim Arzt deutschlandweit komplett unerwünscht. Ich habe dieses Angebot, rückblickend, dankbar angenommen. Denn zwar kam es nicht wirklich zu einem Schnupfen bei mir. Grippe auch nicht. Jedoch war da eine sehr große Vorsicht in mir. Eine Vorsicht und auch eine Angst vor dem, was denn da so in den Nachrichten stündlich und den lieben langen Tag verbreitet wurde.

Sei vorsichtig. Achte darauf, zu möglichst niemandem Kontakt zu haben, denn Du könntest Dich angesteckt haben, Du könntest Dich anstecken, oder eben künftig anstecken, wenn Du nicht weißt, mit wem denn Dein Gegenüber in den vergangenen 14 Tagen so alles Kontakt hatte. Und so weiter und so weiter. Ein Spiel, zumindest aus meiner Sicht, mit den Ängsten der Menschen und ja, vor allen Dingen auch mit meinen eigenen Ängsten.

Ich habe diese Tage also bei meiner Partnerin verbracht. Ja, sie gibt es, wie ich ja schon im 1. Buch geschrieben hatte, weiterhin in meinem Leben. Und ja, gerade dieser doch etwas surrealen Zeit geschuldet, sind wir doch wohl enger zusammengewachsen, als ich zumindest es je vermutet hätte. Wir haben die Tage miteinander verbracht, ich ging viel im Wald spazieren, sowohl mit ihr, als auch alleine und konnte mich gut meinen Emotionen, den Ängsten, gerade auch meiner inneren Kinder, vor allem was da so kommen könnte, sei es in Bezug auf das Virus, in Bezug auf ein mögliches zusammenleben mit meiner Partnerin und sei es in Bezug auf meine Krankschreibung, welche ich in früheren Jahren so nicht in Anspruch genommen hätte.

Nun gut, mit Fieber und starker Erkältung, also wohl dem anderen Extrem, als dem vorher geschilderten, zu arbeiten, war rückblickend jedoch auch nicht gerade die beste Lösung für alle Beteiligten. Zumindest hatte ich damals jedoch noch die Idee und den inneren Gedanken, ich würde bei meiner Arbeitsstelle gebraucht werden und das es ohne mich eben nichts funktioniert. Na gut, frühere Gedanken eben......

Ich konnte mich also gedanklich und gesundheitlich sehr gut erden und erholen. Ernährte mich in dieser Zeit freiwillig vegetarisch. Ok, bei meinem Schatz gibt's eben schon seit vielen Jahren weder Fleisch noch Zucker zu essen. Sie verzichtet bereits seit knapp 10 Jahren bewusst auf tierisches Eiweiß, industriell raffinierten Zucker und ernährt sich vollwertig und vitalstoffreich. Ok, und ich jetzt also auch. Dauerhaft.... Nichts mehr also mit den kleinen ernährungstechnischen Sünden zwischendurch.

Spaß beiseite, denn natürlich hätte ich mir die Dinge, nach denen es mich jahrzehntelang immer gelüstet hatte, auch kaufen und vertilgen können. Aber das komische geschah eben nun auch. Ich habe es nicht mehr vermisst. Mich darüber hinaus täglich im Wald bewegt. Und das ein oder andere Kilo verloren, sowie an Kondition und Wohlbefinden zugelegt. Und mich verstärkt und intensiv um meine Strategie zum Aufbau meiner Vision und zur Umsetzung meiner Mission im Leben gekümmert. Denn was gibt es schöneres im Leben, als die Dir geschenkte Zeit in Freiheit und ohne sonstige Verpflichtungen, für Dich und die Rückbesinnung auf Dich selbst, Deine inneren Werte und den wirklichen Sinn Deines Lebens intensiv zu nutzen?

Was habe ich noch für mich bemerkt, nachdem ich nicht nur sehr viel gesünder gegessen hatte? Richtig, durch die vorhandene Vollwertküche habe ich wieder einmal gespürt, dass ich, wenn ich mich emotional und seelisch unwohl und unausgeglichen fühlte, sei es nun im Privat- und im Berufsleben, ich wesentlich mehr esse, ohne überhaupt Hunger zu haben, als ich es wirklich brauche.

Bin ich glücklich und zufrieden und tue ich die Dinge, die mir Spaß und Freude bereiten, greife ich seltener zur Befriedigung durch Essen und esse darüber hinaus auch gesünder. Ich glaube, ich merke mir das mal als langfristige Strategie für meine gesündere Zukunft, in größerer Zufriedenheit mit mir selbst.

Wie schlecht oder wie gut, kannst Du mit Dir alleine sein?

Veränderungen entstehen meist dadurch, dass Du eine riesige neuartige Freude an etwas Neuem verspürst oder wenn Dich äußere Einflüsse und Umstände dazu zwingen und Du einen immer größeren Schmerz verspürst.

Mit welcher Strategie bist Du durch die Zeit des Homeoffice und die Zeit der erzwungenen Kontakteinschränkungen zu Deinen Mitmenschen durchgegangen? Welche Optionen haben sich hierdurch für Dich ergeben, die Du künftig für Dich optimaler einsetzen kannst?

Kapitel 5 Wo fahre ich hier eigentlich gerade entlang? Die Strategie

Viele Dinge im Leben scheinen sich zu wiederholen. Du stehst jeden Morgen auf, wäschst Dich, putzt Dir die Zähne, steigst in Dein Auto und fährst zur Arbeit. Bist pünktlich um 08.45 Uhr an Deinem Computer, isst um 12.40 Uhr zu Mittag und sitzt wahrscheinlich immer am selben Platz, um dann um 17.00 Uhr wieder denselben Weg nach Hause zu fahren. Zuhause sitzt Du mit Deiner Frau und Deinen Kindern am Tisch, isst zu Abend und schaust noch etwas fern, um Dich über die negativen Nachrichten zu wundern. Und das Tag ein, Tag aus.

Obwohl Du Dich also jeden Tag in Deinem gewohnten Fahrwasser bewegst, entsteht eventuell jedoch bei Dir das innerliche Gefühl und Empfinden einer höchsten körperlichen Anstrengung, weil im Endeffekt auch seelische und emotionale Vorgänge in Dir, den Anstrengungen körperlicher Arbeit gleich kommen können.

Du strampelst Dich wie ein Radfahrer bei einer anstrengenden Bergetappe beim Giro d`Italia ab. Du weißt, dass Du irgendwann bei Deinem ganz persönlichen Ziel ankommen wirst, da Dich dieser vorgegebene Weg dieser Tortour eben zwangsläufig nach Rom führen wird. Du zeigst jeden Tag Deine Leistung und gibst alles.

Und jetzt nur die kleine Zwischenfrage, die mir hoffentlich erlaubt ist....

Was hast Du davon? Fühlt sich dieses Strampeln durchs Leben, um auch ja den eventuell auftretenden Ansprüchen, die aus dem Außen an Dich herangebracht werden könnten, für Dich gut und richtig an?

Ich rede jetzt hier auf keinen Fall davon, Dein komplettes bisheriges Leben über den Haufen zu werfen. Vielleicht hast Du ja kleine Kinder, die von ihrem Elternteil versorgt werden müssen, da sie es selbst eben noch nicht können. Sie sind nun einfach mal von Dir, als ihrem Ernährer, abhängig.

Was ich jedoch meine und wovon ich spreche ist, wie und mit welcher Strategie, bzw. mit welchen Strategien, Du in Deinem täglichen Leben schauen kannst, dass Du selbst ebenfalls glücklich und erfüllt bist.

Denn immerhin ist es ja doch auch Dein Leben, welches Du lebst.

Und solltest Du nun von mir eine klar strukturierte ToDo Liste mit 5 Bullet Points und jeweils 3 Unterpunkten erwarten, welche Du täglich für Dich abhaken kannst, um hiernach glücklich zu sein und Dich besser zu fühlen, so muss ich Dich leider enttäuschen. Denn existiert nun einfach mal als Pauschallösung für alle und jeden eben leider nicht. Denn immerhin sind wir alle Individuen mit sowohl unterschiedlichen Bedürfnissen, als auch jeweils unterschiedlichen Lösungsansätzen.

Aber ich möchte Dir gerne beschreiben, welche Dinge, Möglichkeiten und Methoden ich für mich im Laufe der letzten Jahre kennengelernt habe und welche Mittel und Techniken ich verwende, um nicht nur äußerlich zur Ruhe zu kommen, sondern auch innerlich immer mehr eine Entspanntheit zu fühlen. Und hierdurch eben in einem immer besseren Kontakt mit mir selbst, meinen wirklichen inneren Bedürfnissen zu sein.

Und dabei immer einen Blick darauf zu haben, was ich in meinem Leben für mich erreichen möchte. Und um meine Vision und meine Mission auf dieser Erde, zumindest nach heutigem Stand, dem 03.04.2020, erreichen zu können, und mich dabei zusätzlich glücklich zu fühlen und zwar wirklich glücklich.

Im ersten Teil meiner Trilogie „Wie mich viele Wege nach Rom führten oder was mache ich hier eigentlich gerade?" bin ich verstärkt auf die möglichen Irrungen und Wirrungen, auf Glaubenssätze und Wertesysteme, die sich aus der subjektiv erlebten Vergangenheit eines Menschen entwickeln können, eingegangen. Eben auf Muster, welche sich bei einem Menschen aus den Prägungen, meist seitens des Elternhauses und des sozialen Umfeldes, bei jedem Einzelnen haben entwickeln und manifestieren können. Hierbei handelt es sich dann zum Beispiel um solche Programme wie dem Wunsch nach Aufmerksamkeit und Anerkennung durch Leistung. Liebe eben nur gegen Leistung und ähnliches. Oder eben auch dem Wunsch und dem Verlangen, anderen Menschen zu helfen, in der Hoffnung hier Anerkennung und Aufmerksamkeit zu bekommen.

Wichtig ist also mal an 1. Stelle die Erkenntnis und das Bewusstsein, dass irgendwas in Deinem Leben für Dich nicht so ganz so rund läuft und Du einfach spürst, dass da etwas nicht stimmt. Und Du es gerne verändern möchtest.

Mir, beispielsweise, war es in meinem Leben schlicht und ergreifend langweilig. Ich verbrachte den Großteil meiner Zeit an Orten, an denen ich nicht wirklich sein wollte und mit Menschen, mit denen ich nicht wirklich meine Interessen teilen konnte. Ok, im damaligen Zeitraum hätte ich Dir auch noch nicht wirklich meine wahren Interessen benennen können, aber das ist ein anderes Thema.

Ich bin rückblickend dem Herrgott oder dem Höchsten oder wie auch immer in Deinem Sprachgebrauch dasjenige heißen könnte, was uns in unserem Leben leitet und vielleicht auch den ein oder anderen Halt gibt, dankbar, dass es mich zu einem Lifecoach (Herzlichen Dank an Matthias Weber) geführt hat, mit dessen Hilfe ich in die Reflektion meiner Situation und schlussendlich meiner Selbst gegangen bin.

Und hierbei handelt es sich um Hinweis 2. Wenn Du Dir also dessen bewusst bist, dass Du das ein oder andere emotionale Optimierungspotential hast, möchte ich Dich einladen mit einem neutralen, Dir möglichst unbekannten, Sparringspartner darüber zu reden. Deine Gefühle und jeweils unterdrückten Emotionen an- und auszusprechen. Das Gefühl zu leben und Dich durch dieses nochmalige Durchleben auch zumindest etwas von Deinem Empfinden zu diesem Thema ansatzweise lösen zu können.

Und wenn dieser ausgebildete Gesprächspartner (sei es nun ein Psychologe, ein Therapeut oder eben auch einer der wunderbaren Coaches und Persönlichkeitstrainer) Dich zum Weinen und in die Trauer, in die Wut, eben endlich in Emotion bringt, bleib dabei und nutze die Chancen des Wachstums, die sich Dir hier bieten.

Und fange an, die alten und vielleicht übernommenen Muster und Programme aus Deiner Vergangenheit heraus, die einfach nicht mehr zu Dir passen, zu lösen. Und eben Deine eigenen neuen Muster, Werte, Glaubenssätze und Verhaltensweisen zu installieren und Dich mehr und mehr Dir Selbst und dem Bewusstsein für Dich und Deine wirklichen Bedürfnisse zu öffnen.

Wenn Du beispielsweise tendenziell zu übermäßigem Genuss, von welchen Dingen auch immer, neigst, ist es, zumindest aus meiner Sicht, wichtig, dass Du, wenn Du unter Stress, unter Strom oder innerem Druck stehst und dann normalerweise zu einem Genussmittel greifen würdest, Du eben für Dich beispielsweise ein gesünderes Ersatzprogramm für Dich installierst.

Was meine ich damit? Nun, angenommen, Du hattest einen unangenehmen Tag im Büro, die lange geplante Verabredung mit Deinem Kumpel findet nicht statt und Du sitzt nun alleine zuhause in Deiner Wohnung. Was würdest Du normalerweise an solchen Abenden denn tun?

Solltest Du also an solch einem exemplarisch geschilderten Abend zu einem Genussmittel greifen, um Dich wieder in den Kontakt mit Dir selbst zu bringen, sprich, Du bist frustriert und fängst an, zu viel Rotwein zu trinken, geht doch tendenziell vielleicht ein wenig schief.

Allerdings ist es ja so, dass Du in diesem Moment einfach ein Kompensationsmittel brauchst, um den Frust abzubauen und wieder in den guten Kontakt zu Dir zu kommen (Hinweis Nr. 3). Du bist Dir dessen bewusst, dass zu viel Alkohol oder zu viel essen und rauchen Deiner Gesundheit wenig zuträglich sind, benötigst aber eben gerade irgendetwas, um Dich wieder auf Betriebstemperatur herunter zu fahren.

Und jetzt geht es darum, Dir ein bewusstes Ersatzprogramm zu installieren, mit dem Du ersatzweise wieder in den guten Kontakt zu Dir kommen kannst. Denn angenommen, Du würdest einfach nur auf diese gerade benötigte Befriedigung verzichten, wärest Du eben wahrscheinlich auch nicht in dem, von Dir gerade benötigten guten Kontakt zu Dir selbst. Hier würde sich also auf Dauer nur der sprichwörtliche Dampf unter dem Kessel ansammeln, der denn irgendwann einmal Dein inneres Fass der Frustration und des Leids zum Überlaufen bringen würde.

Schau also einfach mal bewusst auf Dich und für Dich, was Du alternativ zum Griff zur Flasche Alkohol, zur Zigarette or whatever tun könntest. Finde für Dich, und das ist Hinweis 4, eine gute, sinnvolle und erfüllende Alternative für Dein ganz persönliches Wohlbefinden.

Was könnte dies beispielsweise sein? Nun, die einen atmen bewusst und tief ein und aus. Die anderen essen Karotten statt zu rauchen, Du kannst meditieren oder spazieren gehen. Wichtig ist nur, Dich in dem Moment der Überladung und Überforderung, aus der beängstigenden Situation heraus zu nehmen, Dich liebevoll und fürsorglich selbst zu hinterfragen, was genau Du, und meist sind es in solchen Momenten der Einsamkeit und des Zurückgewiesen seins, Deine inneren Kinder, was also Du genau in diesem Moment selbst und wirklich gerade benötigst.

Und ich verspreche Dir, dass es in den absoluten Ausnahmefällen wirklich der Schnaps oder die Zigarette ist, zu der Du sonst (als Dein inneres Kind) greifen würdest.

Sei es vielleicht eine Kugel Eis oder dass Du genau in diesem Moment des Regens gerade in die Wasserpfütze vor Dir springen möchtest, um das Wasser spritzen zu sehen. Vielleicht möchtest Du gerade mit Deiner Spielzeugeisenbahn fahren oder einfach nur mit einem Kuscheltier im Arm alleine in Deinem Bett liegen.

All das ist möglich. Und eben eventuell auch einen Ticken gesünder als eine Zigarette oder das nächste Glas Rotwein. Und, das verspreche ich Dir....es bringt Dich Dir und Deinen wirklichen Gefühlen ein ganzes Stück näher. Näher, als Du vielleicht in diesem Moment vermuten würdest

Vorhin habe ich nun von der möglichweise angebrachten alternativen Handlungsmöglichkeit gesprochen. Statt eben Deinem Körper möglicherweise noch mehr Schaden zuzufügen, als Du es über den täglich gestauten und im Körper gehaltenen Frust und Ärger eh schon tust, bestünde hier mal eine der möglichen Alternativen in einer bewussten und tiefen Atmung. Und zwar am besten an der frischen Luft. Das dann über mindestens 5 Minuten, um Dich eben auch von den frustrierenden Gedanken des Tages lösen zu können. Gehe bewusst atmend an der frischen Luft eine Runde spazieren und versuche etwas von der Natur in Deiner Umgebung wahr zu nehmen.

Vielleicht hast Du jedoch das Bedürfnis nach einem sozialen Kontakt. Dann rufe Deine beste Freundin oder Deinen besten Freund an, um mit ihnen ein paar Minuten über schöne Dinge zu sprechen. Gehe also bewusst in den guten Kontakt zu einem anderen, Dir bestmöglich wohlgesonnenen Menschen, um eben auch von deren Freude und deren positiverer Grundeinstellung in diesem Moment zu profitieren.

Vielleicht magst Du eine kleine Kugel Eis, oder legst Dich einfach auch mal fühlend und weinend eine Runde ins Bett oder schreibst Deine Gedanken über die Welt nieder.

Wichtig nur einfach, dass Du gut auf Dich achtest und die, vielleicht sogar selbstzerstörerisch negativen, Gedanken ziehen lässt. Lade sie also bitte nicht zum Kaffee (oder Schnaps) trinken ein, sondern beschäftige Dich bewusst und liebevoll zu Dir selbst, mit schönen Dingen, die Dir Freude und Spaß bereiten.

Achja, und die bewusste Alternative zu den gerne genutzten Suchtmitteln? Hm, Spaß haben, Freude haben. Sei in der Liebe zu Dir und wenn Du gerade was brauchst, nimm eine Karotte und knabbere daran.... Das ist wahrscheinlich immer noch besser als die früheren Mittel, zu denen Du sonst zu Deiner Beruhigung und zu Deinem Stressabbau gegriffen hast, meinst Du nicht auch?

Wie kannst Du wieder mehr Spaß und Freude in Dein Leben bringen?
Und was konkret würde Dir denn überhaupt mehr Spaß und Freude im Dein Leben bringen?

Wann beginnt für Dich das wirkliche tägliche Leben? Im Büro? Wieder zuhause in Deinem Bett? Oder eben erst am Wochenende? In der Kneipe?
Welche Alternativen existieren in Deinem Leben?
Welche Verhaltensoptionen gibt es für Dich, die Du bereits kennst?
Welche Verhaltensoptionen existieren in Deinem Leben, welche Dir derzeit jedoch noch nicht bewusst sind?
Wie kannst Du diese für Dich erkennen (innere Eigenreflektion), dessen bewusst werden (bewusstes notieren) UND diese als Handlungsalternativen bewusst und regelmäßig (Wiederholung der Alternative über 21 Tage, um diese in Deinem Unterbewusstsein zu manifestieren) für Deine besseren Gefühle nutzen?

⇨ Ich dachte mir, ich unterstütze Dich hier mal ein wenig;-)

Kapitel 6 Was sich im Leben so alles verändern kann....

Ich sitze gerade in einer Fortbildungsprüfung im Bereich der Finanzwirtschaft in einem größeren Ort im Südwesten Deutschlands und führe Aufsicht.... zusammen mit einem weiteren Kollegen führen wir also Aufsicht über exakt einen Prüfling.

Nun, es ist ein sonniger Montag, Ende Juni im Jahr 2020 und wir sitzen in besagter beschaulicher Runde zusammen. Während der Prüfling schwitzt und manchmal etwas lauter nachdenkt, sortiert mein Kollege mitgebrachte Briefmarken und ich schreibe, nach jetzt knapp 2 Monaten der Pause, endlich wieder weiter am 2. Teil meiner Trilogie.
Was sich in der Zwischenzeit denn so alles in der Welt und in meinem Privatleben getan und entwickelt hat?
Nun, inzwischen wurden Ausgangsbeschränkungen, welche in Deutschland, aufgrund des Virus namens C initiiert wurden, deutlich gelockert. Nachdem sich die weltweiten Volkswirtschaften in einem wochenlangen kompletten Nullmodus befunden haben, wurde weltweit weniger produziert und dadurch, dass viele Menschen durch die geltenden Ausgangssperren zum zuhause bleiben verpflichtet waren, wurden entsprechend auch weniger Waren und Dienstleistungen nachgefragt.
Der Flugverkehr beispielsweise kam, insbesondere auch in Deutschland, dem langjährigen Reiseweltmeister, komplett zum Erliegen. Auch Hotels und Restaurants in Deutschland mussten schließen. Wobei... Kam wirklich alles zum Erliegen? Gerade der Versandhandel boomte. Videostreamdienste und Online Gaming Plattformen erlebten, wie gerade auch deren jeweilige Aktienkurse, einen beispiellosen Boom, da sich scheinbar die Menschen nicht anders zu helfen wussten, als nun eben von Zuhause aus zu konsumieren, sich vielfach wohl

auch von eigenen Gefühlen und Emotionen abzulenken, statt in die wirkliche Interaktion und Kommunikation mit ihrem Partner und vielleicht sogar mit den Kindern zuhause zu treten.

Ok, dadurch, dass auch alle Restaurants schließen mussten, war es durchaus lobenswert, die jeweiligen Gaststätten im Ort zu unterstützen und sich Essen zubereiten und liefern zu lassen. Aber auch hier stellt sich mir die Frage, mit welchem Maß diese Möglichkeit gewählt wurde. Denn sich nur beliefern zu lassen und in Passivität zu konsumieren, statt selbst aktiv zu werden und sich frische Mahlzeiten selbst zuzubereiten, hielt ich für zumindest überdenkenswert.

Da für mich eine solche Periode mit offiziellen Ausgangs- und Kontaktbeschränkungen völlig neu war, habe ich selbst eine Art Vorratshaltung betrieben und mich selbst, angesichts der angedachten Maßnahmen, mit Tiefkühlgemüse, Nudeln und dem vielfach angesprochenen Toilettenpapier eingedeckt.

Für mich vollkommen surreal jedoch, dass solche Grundprodukte, neben zum Beispiel Mehl und Hefe, wochenlang auch nur schwierig zu bekommen waren und sogar durch die Geschäfte rationiert werden mussten, damit jeder Mensch auch zumindest die Chance hatte, diese Produkte zu bekommen. Ja, in meinem eigenen Wohlfühldenken meiner Komfortzone, wollte ich bestmöglich auch vermeiden, mich der scheinbaren Virengefahr in Einkaufsmärkten auszusetzen.

Angesichts jedoch von wohl vorkommenden Prügelszenen in Supermärkten, resultierend aus Streitigkeiten um WC Papier, ergab sich für mich ein vollkommen neues Bild, welches ich mir von Deutschland machen durfte. Das Thema Rationierung war mir so bisher nur aus Berichterstattungen aus den 1980er Jahren über damals eher sozialistisch geprägte Länder bekannt. Dass ich selbst in Deutschland mal mit solch einer

Situation konfrontiert werden würde, hatte ich mir jedoch in meinen kühnsten Träumen nicht auszumalen gewagt.

Insgesamt also ein schwieriges Umfeld für viele Menschen in dieser doch sehr verwöhnten westlichen Hemisphäre. Und, um nun wieder auf die besagte Prüfung einzugehen, welche ich zu Beginn dieses Kapitels erwähnt habe, stellt sich für mich, rückblickend auf die Ereignisse im Zusammenhang des Virus mit dem Namen C, die Frage, was wir hier so eigentlich treiben und wohin wir in Deutschland den Wagen eigentlich hinsteuern. Ergänzend möchte ich also einen subjektiven und vielleicht einfältigen Blick auf das größere Ganze werfen.
Die einst fortschrittliche deutsche Automobilindustrie beispielsweise, scheint so den ein oder anderen Trend verschlafen zu haben. Zwar zählen wir noch die weltweit so ziemlich größten Autofirmen zu unserem Lande hinzu, jedoch scheinen wir bei der Suche nach alternativen Antriebsmöglichkeiten einen wichtigen Trend, mal wieder, verschlafen zu haben. Binnen kürzester Zeit erfolgte der immens starke, weil vielleicht auch sehr visionäre Aufstieg eines US-amerikanischen Automobilherstellers zum weltweit größten Konzern in diesem Bereich (zumindest nach Marktkapitalisierung des Aktienkapitals). Erzielt dieser Betrieb jedoch die Gewinnmargen deutscher Hersteller? Zumindest derzeit schreibt dieser Betrieb, mit einer doch geringen Zahl abgesetzter Einheiten, deutliche Verluste.

Darüber hinaus befinden sich in Deutschland, aufgrund eines derzeit vorgeschriebenen Lockdowns, viele der Klein- und Mittelständischen Unternehmen, sowie der riesigen Menge an Einzelunternehmer in wohl zum Großteil existenzbedrohenden Umsatz- und Liquiditätsschwierigkeiten.

Wir sehen also auf der einen Seite eine enorme Geld- und Liquiditätsschwemme, mit denen die weltweiten Zentralbanken ihre jeweiligen Märkte massiv mit Geld- und Liquidität schwemmen. So, nur was geschieht mit diesen Geldern? Scheinbar kommen diese nicht wirklich bei den einzelnen Klein- und Kleinstbetrieben an. Ja, die großen Firmen und wirklichen Big Player erhalten in dieser besten aller Welten, enorme Summen für ihre Betriebsausweitungen, Übernahmen und Ausweitungen ihrer Geschäftsfelder enorme Summe quasi für eine Nullverzinsung nachgeworfen. Wie schaut es jedoch mit dem Kleinstunternehmer vor Ort aus, der sich um seine langjährige Kundschaft kümmert? Dieser steht, angesichts der wegbrechenden Umsatzvolumina aufgrund der vorgeschriebenen Geschäftsschließungen, vor massivsten Problemen, bzw. vor dem aus. Denn ihm fehlt einmal die Möglichkeit der Kreditaufnahme zu den angebotenen Niedrigstkonditionen, sowie eben der beschriebene einbrechende CashFlow, um diese aufgenommenen Schulden auch bedienen zu können.

Dies führt also dazu, dass die Großen immer größer werden und der kleinere Anbieter vor Ort Schwierigkeiten hat, diese Situation zu überstehen.
Dieses vorgeschriebene Herunterfahren der Wirtschaft sowie eine grundsätzliche Verunsicherung, wie sich die Zukunft, sei es die persönliche oder die ökonomische, Deutschland-, Europa- und Weltweit entwickelt, führte, nach der deutlichen Liquiditätsausweitung seitens der weltweiten Zentralbanken bei wohl sehr zahlreichen Firmen mit einer immens hohen Einzelbewertung, aber auch zu einer immer schwieriger werdenden jeweiligen Liquiditätsausstattung. Ja, viele Anleger, die sich angesichts der immer weiter in den negativen Bereich sinkender Realzinsen, einem immer

größeren Vermögensverlust konfrontiert sehen, flüchten sich in die letztendlich nur noch verbliebenen Investition in Sachwertanlagen, wie Immobilien, Edelmetalle und Aktien. Und somit zu immer weiter steigenden Bewertungen dieser sogenannten Assetklassen.

Inzwischen darfst Du Dich als Vermieter einer Wohnimmobilie glücklich schätzen, wenn Du eine VorsteuerMietrendite von beispielsweise 3% p.a. in einer halbwegs vernünftigen Stadtlage mit besagtem Objekt erzielst. Steuern, Mietausfälle, sowie möglich Wertverluste durch Alter und Renovierungsstau der vermieteten Immobilie hier mal völlig unberücksichtigt. Als Investor in Aktien stellt sich die Situation so dar, als dass Du derzeit knapp 20 Jahre benötigst, um mit den geschätzten Gewinnen aller im Dax enthaltenen Unternehmen einmal den Wert des Dax zu verdienen. Hier kannst Du von einer Rendite von umgerechnet 5 % Punkten sprechen. Nun gut, angesichts negativer Renditen beispielsweise bei einer Anlage in festverzinslichen deutschen Staatsanleihen noch ein charmanter Vorteil, verbunden jedoch mit dem durchaus vorhandenen Risiko eines Einbruchs der jeweiligen Kurse, bzw. der jeweiligen Preise, unter anderem auch für die erworbenen Immobilien.

Nun stellt sich mir die Frage, wie denn die stetig steigenden Bewertungen der Unternehmen, sowie die stetig steigenden Preise der sonstigen Investitionsmöglichkeiten eines Privatinvestors denn derzeit noch zu rechtfertigen sind.
Eben die Frage, wieweit denn z.B. die Werte der Immobilien in Deutschland noch steigen werden (trotz aller Erfordernisse weiterer Sachwertinvestitionen für die Anleger in Deutschland und weltweit). Und damit spreche ich jetzt nicht nur von privat genutzten Immobilien, sondern eben auch von gewerblichen Objekten. Denn wer mietet diese? Es sind

Einzelhändler, sowie Großhändler vor Ort und eben in den Innenstadtlagen, welche eventuell in den kommenden Wochen und Monaten in Schwierigkeiten kommen könnten. Das Käuferverhalten hat sich nun einmal seit dem Auftreten des CoronaVirus verändert.

Wo und wie findet denn inzwischen „der Konsum" statt? Richtig, vermehrt in den eigenen 4 Wänden.

Somit schwant mir für den Einzelhandel in den Städten, welcher ja eh schon durch die konkurrierenden Läden auf der grünen Wiese in den vergangenen Jahren in die Bredouille kam, sowie auch für die Shopping Malls mit ihren unterschiedlichen Geschäften, durchaus auch im hochpreisigen Segment, nicht wirklich Gutes, da sich hier ein sehr hohes Umsatzvolumen immer und immer weiter in Richtung Internethandel verlagert hat und weiter verlagern wird.

Werden die Konsumenten irgendwann und irgendwie den Weg wieder zurück in die Geschäfte vor Ort finden, in denen ja auch noch zusätzlich eine mögliche Ansteckungsgefahr „lauert"? Ich vermute mal eher weniger. Was mich derzeit auch eher skeptisch stimmt, ist die massiv angestiegene Bautätigkeit in Deutschland im Bereich der privaten Wohnimmobilien. Sicherlich ist derzeit die Nachfrage nach diesen Wohnimmobilien groß. Nur wenn diese leer stehend sind, um irgendwann in den kommenden Jahren höherpreisig verkauft zu werden, mag sich dies scheinbar im ersten Moment als ein möglicherweise gutes Geschäft darstellen. Einige werden hier auch, trotz der anfallenden Kaufnebenkosten in Höhe von ca. 11% und mehr aus dem Kaufpreis noch einen guten Reibach erzielen, jedoch wird es so wie meistens enden. Dass die Letzten die Hunde beißen und diese ihre aufgenommenen Finanzierungen nicht mehr wirklich werden bedienen können.

Gerade auch die derzeitigen Zahlungsmoratorien vieler Immobilienkäufer der letzten Jahre aufgrund von Arbeitslosigkeit und Kurzarbeit stimmen mich, was die Zukunft vieler Kreditinstitute angeht, eher skeptisch. Hier schlummert aus meiner Sicht ein Pulverfass, bei dem die Lunte schon angezündet wurde, in den Bilanzen, bzw. Gewinn- und Verlustrechnungen vieler deutscher/ europäischer und weltweiter Kreditinstitute. Darüber hinaus sieht es bei den Gewerbetreibenden und Klein- und mittelständischen Unternehmen schwierig aus, wenn diese, aufgrund der entstandenen Umsatzeinbußen in Liquiditätsschwierigkeiten geraten. Deutlich schwierig sieht es ja denn auch bei den Reiseverkehrsbetrieben usw. aus. Massive Staatshilfen waren hier doch die Ansage und vielfach die letzte Liquiditätsrettung. Aber, da haben wir ja immer noch die Notenbanken, welche den systemrelevanten Kreditinstituten sicherlich gerne mit neuen Geldern unter die Arme greifen werden, bevor es mal wieder zu größeren Verwerfungen in den weltweiten Finanzsystemen kommen könnte.

Die Finanzdienstleistungsbranche, in der ich derzeit noch den Großteil meine Brötchen verdiene, steht erneut/ weiterhin vor massiven Veränderungen. Viele Banken und Sparkassen haben erneut Filialen geschlossen. Gerade jetzt werden bei vielen Instituten die Servicezeiten massiv reduziert, so dass auf der einen Seite der Kunde nur wenige, zeitlich eingeschränkte Gelegenheiten bekommt, seine täglichen Geschäfte in einer Filiale erledigen. Gleichzeitig werden die angebotenen Beratungszeiten in diesen Filialen deutlich ausgeweitet.
Ja, aus meiner Sicht macht es betriebswirtschaftlich definitiv Sinn, die Servicezeiten zu komprimieren und gleichzeitig das Beratungsangebot auszuweiten.

Es zeichnet sich in den letzten Jahren für mich, als auch unmittelbar betroffener Mitarbeiter, jedoch weiterhin ein langjähriger Trend ab. Es erfolgt eine Immer stärkere Verlagerung der Kundenaktivitäten in den Online Bereich. Dieser ermöglicht, wie zum Beispiel auch beim allgemeinen Einkauf des täglichen Bedarfs, die Bestellung und Abwicklung des Vorgangs zuhause.

Solange sich der gesamte Vorgang möglichst einfach, ohne Sonderwünsche eben, online abbilden lässt. Somit schafft sich aber auch der vor vielen Jahrzehnten entstandene Dienstleistungssektor, welcher sich nach Landwirtschaft und Industrie als 3. Wirtschaftssektor gerade erst vor wenigen Jahrzehnten herausgebildet hatte, durch die immer mehr Einzug haltende künstliche Intelligenz, quasi wie von selbst wieder ab.

Denn durch die immer weiter zunehmende Technologisierung wird eine rein fachliche Beratungskompetenz immer weniger benötigt.

Warum bilden wir denn nicht einfach die emotionale und verkäuferische Beratungskompetenz der Mitarbeiter vor Ort stärker heraus, solange hier in diesem Feld die künstliche Intelligenz noch keinen Einzug gehalten hat? Denn können Maschinen Emotion? Sind Maschinen in der Lage derzeit Emotionen zu kategorisieren, geschweige denn entsprechend den Bedürfnissen des Gegenüber aufzugreifen und vielleicht sogar ins Positive verändern?

Zumindest nach meinem Kenntnisstand derzeit noch nicht. Gottseidank?!?

Wie wirkt sich denn diese künstliche Intelligenz nun auf meinen derzeitigen Job aus? Gut, immerhin darf ich die technisch aus den jeweiligen Systemen vorgegebenen Fragen immer noch meinem Kunden gegenüber formulieren. Ich darf diese aussprechen und die jeweiligen Antworten durch anklicken der vorgegebenen Antwortmöglichkeiten erfassen.

Hieraus ergeben sich wiederum verschiedene Produktkörbe, für die sich meine Kunden entscheiden dürfen.

Nur ist hier letztendlich wirklich noch ein Mensch notwendig, um vorgegebene Antwortmöglichkeiten auf vorgegebene Fragen zu erfassen, welche wiederum zu algorithmisch vorgegebene Lösungsproduktkörbe führen? Ähm, nein.

Dieser somit stetig steigende Grad der Automatisierung im Dienstleistungssektor, welchen Du durch alle Branchen durchziehen kannst, macht aus meiner Sicht einen menschlichen Berater vor Ort schlichtweg überflüssig.

Meine private und subjektive Hoffnung für mich, der diesen Job derzeit kognitiv noch als wichtigen Teil eines Lebens betrachtet, ist, dass es noch nicht so schnell ausgesprochen wird, dass ich eigentlich und uneigentlich an meinem Arbeitsplatz schlichtweg auf Dauer, oder vielleicht auch jetzt schon, überflüssig bin.

Denn meine bisherige Entscheidungs-, und Beratungsarbeit wird schon seit längerer Zeit von Maschinen übernommen. Ich bin letztendlich nur derjenige, der es dem Kunden derzeit noch auditiv gut klingend zu vermitteln hat.

Welche Schlussfolgerungen lassen sich für mich hieraus letztendlich für die exemplarisch aufgeführte Finanzdienstleistungsbranche ziehen, welche aber seit einiger Zeit den Gegebenheiten der Zeit nur noch hinterherrennt?

Also eine Formulierung meiner Unternehmensvision zum Thema Sparkassen, Volks- und Raiffeisenbanken in Deutschland? Wir sind trotz einer sehr deutlichen Reduzierung der reinen Anzahl der, in Deutschland existierenden Banken und Sparkassen von ca 3800 Instituten zu Beginn der 1990 er Jahre auf derzeit noch knapp 1250 im Jahre 2020 noch bei weitem nicht am Ende der Fahnenstange angelangt.

Dieser Trend wird sich weiter beschleunigen, da wir weiterhin mit Niedrigzinsen und anstehenden sonstigen Krisen durch externe Einflüsse zu rechnen haben. Eine volatile Wirtschaftsentwicklung ist nun einmal ein volkswirtschaftlich normaler Vorgang. Welcher jedoch, durch immer niedriger werdende Margen, sowie drohenden Kreditausfällen zu immer dramatischeren Ausmaßen in den Bankbilanzen führen wird.

Nun, warum nicht einfach sofort das tun, auf was es eh rauslaufen wird? Beispielsweise also eine Reduzierung der reinen Anzahl der Sparkassen in Deutschland auf knapp unter 100 Institute. Und das JETZT. Denn es wird eh geschehen, da den einzelnen Instituten aufgrund der Marktgegebenheiten, welche sich in naher Zukunft nicht wirklich ändern werden, garnichts anderes übrig bleiben wird.

Dies gilt aus meiner Sicht ebenso im Bereich der Volks- und Raiffeisenbanken. Hier vermute ich für Deutschland eine Anzahl von maximal 200 Instituten. Nun kannst Du diesen eigentlich unaufhaltbaren Vorgang still und leise schleichend mit einem enorm hohen Reibungsverlust und jeweils hohen Kosten vornehmen und eben einmal klar diese Vision auf den Punkt bringen (Stichwort Deutschland ist nun einmal overbanked) und schauen, dass Du schnellstmöglich zu einer klaren und deutlichen Lösung kommst. Dich also hierfür entscheidest und diese einfach konsequent umsetzt. Denn im Laufe der letzten Jahre hat sich diese Entwicklung abgezeichnet und wird sich im Laufe der kommenden Jahre, zumindest aus meiner Sicht auch so weiter entwickeln und sogar verschärfen, bzw. beschleunigen. Denn darüber hinaus, empfinde ich gerade die vorgenannten Segmente der deutschen Bankenlandschaft, leider, für alle untereinander austauschbar. Innovationen in diesem Bereich? Fehlanzeige.

Wie benannte es einmal der von mir sehr hoch geschätzte Vortragsredner Dr. Peter Kreutz? Wenn Du in Deinem Markt bestehen willst, sei entweder billiger als die anderen oder eben anders.

Für mich sehr wahre Worte, die auch nach den vergangenen 10 Jahren, nachdem ich sie gehört habe, immer noch ihre Gültigkeit besitzen.

Ist dies schmerzhaft? Ja, definitiv. Für die jeweiligen Vorstände, die Aufsichtsorgane und vor allen Dingen eben auch für die jeweiligen Mitarbeiter. Stimmt, auch den Kunden wird es dadurch vereinfacht, auf eine emotionale Verbindung zu seinem zu verzichten und somit noch mehr auf die Kosten zu achten. Welche nun einfach mal bei einem Online Direktanbieter nun einmal einfach günstiger als beim Anbieter vor Ort sind.
Denn auch der normale Mitarbeiter am Bankschalter spürt am eigenen Leibe Tag für Tag diese Entwicklung und sieht sie unaufhaltsam auf sich zukommen. Und sein einziger Gedanke ist nur noch der: hoffentlich bleibe ich bis zu meinem Rentenbeginn oder bis zur Zahlung meiner Abfindung möglichst auf meinem angestammten Platz und am besten noch in Verbindung zu meinen langjährigen Kollegen. Hauptsache, ich spüre keine direkten Auswirkungen.

Also ein Verharren in Stillstand und Angst, einem sich Todstellen angesichts dieser Veränderungen des Kundenverhaltens, statt sich auf Flucht oder eben Angriff (im Sinne unseres angestammten Verhaltens aus der Steinzeit bei einer drohenden Gefahr) einzulassen und endlich das eigene Glück selbstbestimmt in die eigene Hand zu nehmen. Weg also von dem, im Unterbewusstsein vorhandenen: ich bin komplett austauschbar, weil kostengünstiger ersetzbar, hin zu Individualität, wahrer Verbindung zu Deinen Kunden auf der Herzensebene. In dem Du eben das verkaufst, hinter dem Du von Herzens stehst und was Du vielleicht sogar selbst mitentwickelt hast und dem, worauf Dein Kunde, aufgrund

Deiner wirklichen Begeisterung gar nicht anders kann, als bei Dir zu kaufen.

Für mich wäre folgende Untersuchung unter Berücksichtigung bestmöglich aller Aspekte interessant: Was käme teurer? Das sukzessive Zusammenfusionieren Stück für Stück im Laufe vieler Jahre und den entstehenden Reibungsverlusten durch Postengeschachere oder ein einmaliger deutlicher und radikaler Schnitt, der zwar im ersten Moment zu einem großen und lauten Aufschrei führen würde.
Eben ein radikaler Schritt, der sich final jedoch eh ergeben wird, da er sich letztendlich so abzeichnet. Er wäre jedoch einfach visionärer und radikaler in der Umsetzung, aber dafür vielleicht zukunftssichernder wie der vorbeschriebene lange Weg.
Aber hierzu bedürfte es nun einmal der klaren Unternehmensvision, der klaren Branchenvision verbunden mit dem wohlwollenden Blick auf Mitarbeiter, Standorte UND die Kunden und deren jeweilige Bedürfnisse, sowie ebenso einer Entscheidung und, jetzt wird es dramatisch schwierig, darüber hinaus auch noch deren klare Umsetzung.
Und hier möchte ich mal wieder den Bogen spannen zum deutschen Otto Normalverbraucher. Denn es gibt da irgendwie nur die eine kleine Sache, die mich an dieser Entwicklung/ Geschichte ein klein wenig zweifeln lässt.
Wie steht es denn hier nun mit der erforderlichen Aktivität des deutschen Otto NormalVerbrauchers?
Wie steht es mit seinem Interesse, mehr aus sich, seinem Geld und seinen Möglichkeiten, um nicht zu sagen mit seinen Visionen UND den Erfordernissen des Marktes zu machen, die dieser nun einmal für den Verbraucher, wie auch den Unternehmenslenker bereit hält?
Hier gilt es nicht immer nur am Alten festzuhalten. Auch einmal Loslassen und sich auf neue Felder einlassen, halte ich

für uns alle enorm wichtig, auch wenn Veränderung (vor allen Dingen wenn sie extrinsisch motiviert und vorgebeben wird) ohne Wenn und Aber eintreten wird.

Wie ich vorhin kurz angesprochen habe, sind wir doch mehr oder weniger alle Menschen aus der Steinzeit heraus so geprägt, als dass wir bei einem möglichen Angriff, bzw. Eingriff, also einer drohenden Gefahr von außen auf unsere Komfortzone eben wie folgt reagieren (pauschal und meine eigene Meinung). 10% der Angegriffenen gehen aufgrund der vorbeschriebenen Situation in eine Gegenwehr und greifen hier an. Sie werden als selbst tätig. 20% gehen aus meiner Sicht in eine Todesstarre, in der Hoffnung, unbemerkt zu bleiben. Die restlichen 70% lassen solche extrinsischen Veränderungen einfach kommentarlos über sich ergehen. Und dies in der Hoffnung, dass möglichst wenig sich verändern würde, ohne jedoch selbst in ihre Zukunft einzugreifen und diese vielleicht mitgestalten zu können.

Nun, ich habe auch meine Zweifel am Interesse des normalen Deutschen an seiner Veränderung. Und dies einmal angesichts meiner Erfahrungen als Berater im Finanzbereich, als auch als Beobachter, was das Thema Persönlichkeitsentwicklung angeht. Viele Menschen erachten als erstes einmal eine mögliche Veränderung als eine Gefahr. Fast schon eine Gefahr für Leib und Leben. Vielleicht auch als eine Gefahr für die eigene Seele, auf jeden Fall aber als eine Gefahr, die eigene Komfortzone noch nicht einmal verlassen zu müssen, aber zumindest diese für ein kleine Stückchen auszuweiten.

Viel mehr Menschen in Deutschland, im Vergleich zu anderen europäischen Nationen, lagern beispielsweise einen Großteil ihres Vermögens ausschließlich auf einem Konto mit einer Verzinsung auf Nulllinie.

Viele Menschen verharren in einem Job, der sie emotional sehr stark fordert, in dem sie Zeit mit Menschen und an einem Ort verbringen, an dem, bzw. mit denen sie einfach nicht sein möchten. Sie vertrödeln ihre Zeit in Partnerschaften und Beziehungen, in denen sie sich nicht nur deutlich unwohl fühlen, sondern hierdurch, durch Dauer und Intensität der gefühlten Verbindungen, vielleicht sogar bedauernswerterweise erkranken. Und ja, ich schließe mich, zumindest größtenteils und mindestens aus meiner Vergangenheit heraus, hier mit ein.

Ich habe erst in den vergangenen Monaten/ Jahren gelernt, durchaus meine Gelder auf verschiedene Bereiche zu verteilen. Ich habe mich meinen inneren Blockaden und Hemmschuhen gestellt und bestmöglich versucht, diese zu erkennen und zu bearbeiten. Hierdurch bin ich für mich deutliche Schritte in die gefühlte Leichtigkeit und in das glücklich sein gelangt. Was habe ich gelernt? Verlasse und versteife Dich niemals ausschließlich nur auf eine einzige Möglichkeit, etwas zu verändern und etwas in Deinem Leben anders als bisher zu machen. Mache Deine Erfahrungen und versuche aus jeder Erfahrung heraus, die Du in Deinem Leben gemacht hast, etwas für Dich zu lernen und beim nächsten Versuch einen Schritt vorwärts zu kommen. Wie heißt es doch so schön? Viele Wege führen nach Rom.

Nimm einfach mal an. Du spürst beispielsweise, dass Du, wenn Du jeden Tag haargenau dasselbe tust, dieselben Menschen triffst und alles immer am selben Platz zu stehen hat, dabei ein ungutes Gefühl hast, bzw. dieses immer stärker wird. Und Du fängst nun vielleicht endlich damit an, Dir einen neuen/ anderen Weg nach Rom (sprich zu Deinem wirklichen Ziel, Deinem Sinn im Leben) zu suchen. Einfach aus der beschriebenen Langeweile heraus, endlich Dein Leben in die eigene Hand zu nehmen und Deine Visionen zu entdecken, zu formulieren und endlich eigenständig umzusetzen…. Klingt spannend?

Du kannst zwar gerne immer weiter und weiter mit Deinem Schädel gegen die imaginative Wand Deiner Widerstände und Deiner Komfortzone rennen. Nur wäre es nicht eine sympathischere, weil schmerzbefreitere Idee, doch einfach mal einen Schritt zur Seite zu treten und an der besagten Mauer vorbei zu laufen? Statt Dir Kopfweh einzuhandeln, weil Du die sonstigen Möglichkeiten, welche Dir das Leben bieten kann, durch das etwas beschränktere Blickfeld einfach gar nicht wahr nimmst?

Eine sympathische Idee? Dann möchte ich Dich herzlich einladen, diese auch zu nutzen und zu schauen, welche Dir, einen auch leicht veränderten Blickwinkel vorausgesetzt, das Leben so bietet. Betrachte doch einfach mal, wenn Du gerade mal wieder stockst, Dein Leben und deine derzeitige Situation aus einer veränderten Perspektive und hole Dir doch einfach auch mal ein wertschätzendes Feedback von außen ein, damit Du endlich wieder einen Schritt weiter kommst, statt in Wiederholung, Passivität und Starre zu verharren.

Ja, und ich schließe den Bereich Finanzen in diese Überlegungen mit ein. Denn nichts zu tun, ist hier zwar durchaus ganz bequem. Jedoch solltest Du Dich nie wirklich nur auf eine einzige Anlageform verlassen. Oder nur auf eine Bank, nur auf einen einzigen Berater. Bekomme, wie bei allen Dingen des Lebens ein Gefühl dafür, was für Dich das wirklich passende sein könnte und streue, stelle Dich auf verschiedenen Standbeinen auf. Ja, auf möglichst vielen verschiedenen Standbeinen. Denn, überraschenderweise kann es denn auf einmal sein, dass Du durch äußere Umstände ansonsten, zufälligerweise, auf einmal zur Veränderung gezwungen wirst, obwohl es ja eigentlich doch bisher so wirklich bequem und einfach war.

Und in einem anderen Beispiel waren zwar vielleicht die Kollegen an Deinem Arbeitsplatz doof und Dein Chef unsympathisch, aber insgesamt bist Du ja so irgendwie durchs

Leben durchgekommen. Hm, und jetzt wird auf einmal Dein Bereich ausgelagert? Jetzt kommen also allen Ernstes auch hier Veränderungen auf Dich zu, obwohl Du keine Ahnung hast, wie Du da jetzt darauf reagieren solltest?

Und wenn Du, während Du diese Möglichkeit nur einfach mal vor Deinem inneren Auge geschehen lässt, es sich für Dich komisch anfühlt stehen zu bleiben und nichts zu tun, empfehle ich Dir unbedingt, Dich den unendlich vielen Möglichkeiten des Lebens endlich zu öffnen. Nimm sie an. Denn es gibt an jedem Schlechten, wenn Du einmal in Dich hineinhorchst, immer auch etwas Gutes. Dies gilt es nur wenigstens einmal in Betracht zu ziehen und dann vielleicht auch für Dich zu entdecken.

Denn auch für Dich gibt es noch so vieles auf der Welt, was Du entdecken und erfahren kannst, bevor Du, wie wir irgendwann einmal alle, von dieser Welt gehen darfst.

Es ist also, zumindest meines Erachtens, oftmals eine Frage des Fokus. Wenn Du also Deinen Fokus in der Hauptsache auf die subjektiv schlimmen täglichen Dinge richtest, die Dir scheinbar in Deinem Leben passieren, so haben diese zweifellos ihre Relevanz. Nur ist es vielleicht auch manchmal die Frage, welchen Maßstab Du hier setzt.

Ja, es ist schlimm, wenn Du einmal nicht das richtige Kleidungsstück im Einkauf findest. Ja, es ist auch dramatisch, wenn genau das Buch, welches Du gerade bestellen wolltest, ausverkauft ist. Deine Lieblingssorte Eis, Tiefkühlpizza or whatever sind gerade nicht vorrätig? Oder Dein Kunde hat Deine Argumentation zu dem Produkt, welches er von Dir erwerben sollte, nicht aufgegriffen?

Ja, wahrlich alles Dinge von weniger schön. Nur, und hierzu möchte ich dich herzlich einladen. Schau doch einfach mal, welche wirklichen Auswirkungen all diese Begebenheiten auf Dein Leben haben? Keine? Richtig. Denn Du hast ein Dach über dem Kopf, Du hast genug zu essen und zu trinken in

Deinem Kühlschrank und Du kannst Dir alles kaufen, was auch immer Du zum Leben brauchst, und sei es Toilettenpapier und Nudeln. Wir leben in einer der reichsten Gegenden der Erde, in dem jeder Bewohner über Strom, Wasser und Wärme verfügt. Er muss hierzu lediglich die, ihm normalerweise zur Verfügung stehenden Möglichkeiten nutzen. Diese sind ganz einfach verfügbar, werden jedoch meistens gar nicht mehr in Dankbarkeit und Demut wahrgenommen und wertgeschätzt. Meist bemerken wir (mich eingeschlossen) diese Dinge doch nur noch, wenn das Internet mal wieder durch Überlastung der Netze zu langsam sind und sich die gesuchte Internetseite nicht schnell genug hoch lädt.

Ja, ich bin noch als Mitglied der Generation runde Telefonwählscheibe aufgewachsen. Mein Fernseher hatte nur 4 Sender als ich in die Pubertät kam. Und ich habe viele Jahre gebraucht, um dies wirklich wertzuschätzen. Denn damals gab es meistens irgendetwas Neues zu sehen, statt wie beim heutigen Überangebot an Fernsehsendern, welche Tag und Nacht durchgehend, jedoch meist mit Wiederholungen gespickt, senden. Zwar hatten wir also in meiner frühen Jugend wesentlich weniger Auswahlmöglichkeiten uns abzulenken, jedoch haben wir in diesen Fällen miteinander geredet. Auf Terminabsprachen, wie auf das pünktliche Erscheinen der Teilnehmer, war wirklich Verlass.
Wir haben Rücksicht aufeinander genommen, da wir uns alle noch wirklich kannten. Ja natürlich war damals wie heute Individualität groß geschrieben, jedoch haben wir den Blick vor unseren Mitmenschen nicht so sehr verschlossen, wie es, zumindest in meinem Gefühl, in der heutigen Zeit oftmals der Fall ist.
Und komischerweise bedurfte es erst einmal einer staatlich verordneten Abstandsregelung und eines social distancing, damit sich viele Menschen an diese Werte zurück erinnert

haben. Denn wichtig für jeden Menschen ist eben der zwischenmenschliche Kontakt. Und damit spreche ich vom persönlichen Kontakt, Aug in Aug, statt des Kontaktes über eine gewisse Anzahl an Freunden in einem der bekannten sozialen Netzwerke, in dem es in der Hauptsache um ein Daumen hoch geht.

Woran hältst Du in Deinem Leben fest?
Was konntest Du bisher loslassen? Freunde, Familie, Jobs?
Was könntest Du in der Zukunft loslassen?

Wie betrachtest Du die künftige Entwicklung in der Branche, in der Du aktuell tätig bist?
Mit Ängsten? Mit Sorgen? Mit Hoffnung? Mit Freude und Lust am Arbeiten?
Welche andere Branche birgt jedoch größere Chancen für Dich, damit Du endlich glücklich wirst?
Mit welchen Menschen wärst Du gerne nicht mehr in einem engeren persönlichen Kontakt? Und mit welchen Menschen wünschst Du Dir einen engeren Kontakt?
Was tust Du selbst dafür? Was könntest Du für die Umsetzung tun? Öfter auch mal anrufen? Oder eben nicht mehr?

Kapitel 7 Wo fahre ich denn eigentlich gerade hin?

Oftmals ist es doch so, dass wir Wege fahren, die wir nicht wirklich fahren möchten. Einmal der tägliche Weg zur Arbeit, der Weg zu den Verwandten, von dem Du jetzt schon weißt, dass der dortige Aufenthalt mal wieder anstrengend werden könnte. Der Weg zu einer Veranstaltung, den Du für jemanden fährst, obwohl Du just in dem Moment, lieber zuhause im Schaukelstuhl sitzen möchtest, um bei einem guten Glas Rotwein ein spannendes Buch zum Thema Persönlichkeitsentwicklung zu lesen.

Du fährst also diese Wege und entfernst Dich dabei immer mehr von dir, Deinen eigenen Wünschen und Vorstellungen und tust etwas, was Du eigentlich nicht wirklich möchtest.

Sobald Du Dich also dort befindest, beispielsweise an Deinem Arbeitsplatz, der Dich schon seit Monaten nervt; bei den Freunden, die Dir nicht wirklich etwas Neues zu sagen haben, Du also in einer Veranstaltung sitzt, bei der Du nicht sein möchtest, befindest du dich schnell in einem Modus „weg von".

Du möchtest also weg von der Arbeit, weg von der Veranstaltung, weg von den, Dir nichtssagenden Menschen. Aber welche den Alternativ gäbe es denn hierzu für Dich und Deine jeweilige Situation? Wo möchtest Du hin? Was könnte Deine „hin zu" Bewegung sein?

Welche besseren und oder schöneren Alternativen könnten Dir just in diesem Moment ein freudigeres Erleben schenken? Welcher Ort, welche Menschen, welche Begebenheiten könnten in diesem Moment Dein Herz wirklich mehr mit Freude erfüllen? Was könntest Du alternativ tun, um Dich glücklicher, erfüllter und mehr im Hier und Jetzt wohl zu fühlen? Welche Hin zu Bewegungen könnte es für Dich geben?

Am Morgen des Freitag, 28.08.2020 fuhr ich also mal wieder mit meinem Auto meinen Weg zur Arbeit, die mich nicht mehr wirklich erfüllt und hatte doch ein weiteres, unbestimmtes anderes und schöneres Gefühl, welches diesen obligatorischen Frust positiver überlagerte….

Denn ich wusste, dass ich genau an diesen Freitagnachmittag, des 28.08.2020 in meinem Auto sitze und losfahre. Weg von meiner Arbeit bei einem mittelgroßen Finanzdienstleistungsunternehmen in einem mittelgroßen Ort irgendwo im Südwesten Deutschlands und hin zu….

Hin zu meiner Berufung. Hin zum Ort meiner ersten öffentlichen Seminarveranstaltung mit Menschen, die ich vorher noch nicht einmal, zumindest zum größten Teil, persönlich kannte. Hättest Du mir zum Beispiel vor einigen Monaten gesagt, ich würde jetzt auch noch Seminare leiten, hätte ich Dich für zumindest partiell verrückt gehalten.

Ja, ich habe mein Herzensthema gefunden. Ich liebe es, bei Menschen, die zu mir mit diesem Anliegen kommen, innere, tiefsitzende Blockaden zu lösen und diese endlich wieder mehr zu sich selbst, zu ihrem Selbstbewusstsein und zu ihrer inneren Kraft zu führen. Es macht mir einfach Spaß und Freude zu sehen, wenn diese Menschen mit einem Lächeln aus meinen Räumen gehen, weil sich bei Ihnen etwas gelöst hat. Sie eine tiefsitzende Blockade erkennen und darüber hinaus auch noch für sich lösen konnten. Und nun ergab es sich einfach einige Wochen vorher für mich, dass ich für ein Seminar zum Thema „Glaubenssätze erkennen und lösen" angefragt wurde. Von Menschen, die im Vertrieb tätig waren und sind und die für sich einfach gespürt haben, dass sie etwas leichter vorwärts kommen, wenn sie an sich arbeiten.

Wie diese Fahrt auf mich gewirkt hat? Um es ganz ehrlich zu sagen, phänomenal. Und das, obwohl ich trotz einer kompletten Sperrung der Autobahn in einen doch etwas größeren Stau geriet und ich für eine Strecke von weniger als

100 Kilometern mehr als 2 Stunden Zeit benötigte. Jedoch wusste ich, dass ich genau das richtige tat. Ich entwickelte mich ein Stück weiter heraus aus meiner Komfortzone und hinzu mehr Glück und innerer Zufriedenheit. Zwar hatte ich mir durchaus vorher so einige wenige Gedanken darüber gemacht, wie denn das Seminar ankommen würde. Ob meine Vorbereitung ausreichend war? Ob die Unterlagen auch wirklich ausreichend und vollständig waren. Ob für jeden Teilnehmer verständlich waren und so weiter und so weiter. Dann dachte ich nur noch etwas darüber nach, wie ich denn als Dozent wirken würde und ob ich den Teilnehmern denn auch ausreichend Input für ihr Vorwärtskommen auf ihren Weg mitgeben würde..... Ich hatte einfach ein gutes Gefühl, ein sehr gutes Seminar anzuleiten. Wenig bis gar keine Selbstzweifel. Und kaum folgte also meine Energie auch meiner/ dieser Aufmerksamkeit, hatten wir gemeinsam einen riesigen Spaß. Die Teilnehmer konnten zum Thema, wie sie ihre Glaubenssätze erkennen und auch noch selbst lösen können viel für sich erkennen und bearbeiten. Und auch ich selbst habe für mich entdeckt, dass sogar Seminare anzuleiten für mich besagtes größeres Betätigungsfeld werden darf, auf das ich mich inzwischen sogar freue.

Denn es hat mich mit großem Stolz erfüllt, dass einige der Teilnehmer/innen denn bis tiefster Dunkelheit im magischen Umfeld einer Burg, lediglich im Lichte Ihrer Handylampen, an sich selbst gearbeitet und sich gemeinsam beim Erkennen und Lösen ihrer Themen unterstützt haben.

Einfach also jetzt mein Weg, hin zu einem neuen Betätigungsfeld, mit dem ich noch mehr Menschen ein Stück weiterhelfen kann.

Und prompt erhielt ich schon die erste Anmeldung zum nächsten Seminar, welches ich veranstalten würde. Läuft also doch besser bei mir, als ich es selbst dachte;-).

Über welche bewussten Kompetenzen verfügst Du und wem, außer Dir selbst, könnten diese weiterhelfen?

Über welche unbewussten Kompetenzen verfügst Du, die Du entdecken und kultivieren könntest?
Deren Ausleben Dich glücklicher machen würde?
Die Dein Umfeld glücklicher machen könnten? Bei denen Du mehr Spaß und Freude erleben würdest, als Du es bisher tust?

Wie oft, bei welchen Gelegenheiten spürst Du in Dir und sprichst es vielleicht sogar aus, dass Du "weg von" dort möchtest? Notiere sie Dir und mache sie Dir bewusst, um zu einem günstigen Zeitpunkt folgendes für Dich zu formulieren: „wenn ich mich hin zu x bewege, würde mich das glücklicher machen als ich jetzt bin!" Wofür könnte also x stehen?

Wann und vor allen Dingen wie, könntest Du Dich ganz bewusst für Dein ganz besonderes „hin zu" entscheiden?
Und, jetzt wird's anstrengend;-), was brauchst Du für die Umsetzung, damit Du endlich wirklich glücklich wirst?
Eine Erlaubnis? Eine Entscheidung? Etwas anderes?

Kapitel 8 Entscheidung und Umsetzung=> warum muss es vorher immer erst zu körperlichen Beschwerden kommen?

Es soll ja durchaus so den ein oder anderen Menschen geben, der sich erst mal bei einer reinen Pro/ Contra Entscheidung etwas schwer tut. Falls Du Dich hier angesprochen fühlen solltest, brauchst Du keine Angst zu haben. Das ist pure Absicht. Auch bist Du damit in bester Gesellschaft. Nun ist Dir vielleicht schon mal in Erzählungen zu Ohren gekommen, dass Menschen nach einem Unfall und oder einer Erkrankung ihr Leben verändert und quasi auf den Kopf gestellt haben. Aus diesem Schmerz heraus bemerken diese Menschen, dass es auf diesem bisherigen Wege wohl nicht weiter geht und eben endlich eine lange aufgeschobene Entscheidung letztendlich denn dann doch gefällt und hiernach umgesetzt wird. Klassische Auslöser sind beispielsweise auch Jobverlust, Verlust eines geliebten Menschen und ähnliches. Ein besonderes einschneidendes Erlebnis führte also diese Menschen durch große Schmerzen oder Ängste und ähnliches. Kognitiv hast Du hast Du also sicherlich das ein oder andere Mal von solchen Ereignissen gehört, welche die betroffenen Personen zu einem Umdenken und einer massiven proaktiven Veränderung hin zum eigenen glücklich sein animierte. Vielleicht dachtest Du ja auch, nachdem Du von solchen Geschichten gehört hattest, dass Du eine ähnliche Bestandsaufnahme plus anschließender Veränderung für Dich vollziehen könntest....
Und hierzu eine ganz persönliche Frage: was hast Du nach diesen Überlegungen denn dann wirklich verändert?

Ich unterstelle jetzt mal, dass es Dir ähnlich wie mir ging. Kognitiv und in allen Facetten, hast Du Dir sicherlich schon sämtliche Optionen einer Verhaltensänderung mehrfach durchdekliniert. Du hast Deinen Job aufgegeben, Deinen

Partner/ Deine Partnerin mehrfach verlassen, Deine schon viele Jahre volljährigen Kinder so oft vor die Tür gesetzt und der nervigen Freundin endlich die Meinung gegeigt.

Sicherlich fallen Dir noch unzählige weitere Punkte für diese Liste ein. Nur was hat Dich schlussendlich emotional von der Umsetzung diese Überlegungen abgehalten? Oder vielleicht sogar von der zu treffenden Entscheidung Pro/ Contra? Vielleicht war es ja einmal die Frage nach Deinem „hin zu"? Welches Ziel Du damit zu bezwecken versuchst.

Vielleicht war jedoch der jeweils entstandene Schmerz in diesen jeweiligen Situationen immer noch nicht groß genug, so dass Deine obligatorische Prokrastination (Aufschieberitis) dann doch wieder die Oberhand über Dich gewann?

Oder da gibt es den einen kleinen Teil in Dir, der Angst hat? Angst vor dieser einen Veränderung? Angst davor, danach alleine zu sein? Angst vor dem: „das macht man doch nicht"?

Schlussendlich geht es jedoch darum, dass Du, bevor der Schmerz im Verharren in der jeweiligen Situation, der jeweiligen Beziehung, dem jeweiligen Job, so groß wird, dass er nicht mehr zu ertragen ist, Du ENDLICH eine Entscheidung fällst. Eine Entscheidung für Dich und Dein Glücklich sein fällst, anstatt immer weiter und weiter in Starre und Lethargie zu verharren.

Es darf ja zum Beispiel auch so sein, dass Du Dich für das Verbleiben entscheidest, was jedoch auch eben einer Entscheidung bedarf.

Wie könntest Du also Dir des körperlichen Schmerzes früher bewusst werden, den eine aufgehobene Entscheidung verursachen kann?

Nun, stell Dir einfach mal vor, hinter Deinem Rücken liegen 2 hohe, samtweiche Matratzen. Du gehst, mit den Matratzen im Rücken, in die Knie und behältst dabei Deine Fußsohlen auf dem Boden..... Spürst Du quasi schon, wie es in Deinen

Waden zieht? Wichtig ist, die Füße so lange wie möglich auf dem Boden zu halten.

Ok, Stufe 2 der Übung ist nun folgende: Du nimmst Dir ein Thema vor, in dem es um eine Entscheidung geht, die Du zu treffen hast.... es geht hier um ein Ja oder Nein. Ein entweder oder...... und erst dann, wenn Du wirklich in Gedanken für Dich selbst, Deine Entscheidung von A oder B; Entweder oder gefällt hast, erst dann und wirklich erst dann, Du Dich mit dem Rücken auf die hinter Dir liegenden Matratzen fallen lassen darfst, um endlich die Entspannung in Deinen Waden, nach der gefällten Entscheidung, zu spüren.

Diese körperliche Erfahrung dürfte ich bei einer meiner 14 tägigen bioenergetischen Übungsgruppen auf meiner Rückfahrt nach Hause reflektieren. Ich fuhr also in einen phantastischen, orangeroten Sonnenuntergang hinein und dachte mir nur, Mist, was tun mir meine Waden weh... Nein, Spaß beiseite, ich spürte einmal, wie ich über viele Jahre und teilweise Jahrzehnte mit Entscheidungen schwanger ging. Ich spürte sprichwörtlich die jeweiligen Schmerzen, die mein Dauergrübeln verursachte, nur weil ich weiter in der Dauerschleife meiner ureigenen Kopfwichserei verharrte und über Eventualitäten grübelte, falls ich endlich Entscheidungen fällen und diese umsetzen würde.

Zu grübeln, statt klare Entscheidungen, die mir mein Unterbewusstsein eh schon viel früher abgenommen hatte, zu fällen und zu kommunizieren. Sei es mir selbst Gegenüber und oder meinen Gesprächspartnern und -partnerinnen gegenüber und hier endlich die Erleichterung nach dem jeweils nachlassenden Schmerz bewusst zu fühlen und endlich die körperliche Erleichterung durch das symbolische Rückwärtsfallen in die weichen Matratzen zu genießen.

Welche Entscheidungen gilt es in Deinem Leben schon seit vielen Jahren zu fällen/ von Dir zu fällen?

Was versucht Dir Dein Unterbewusstsein hierzu schon seit vielen Jahren mitzuteilen?

Welche körperlichen Beschwerden haben hieraus schon bei Dir resultiert?

Wie lange möchtest Du diesen Schmerz noch spüren?

Oder darf's vielleicht sogar ein bisserl mehr sein? Kleiner Spaß am Rande…..

Wie könnte es sich vielleicht für Dich nach der getroffenen Entscheidung anfühlen? Auf der symbolischen weichen Matratze, nach den körperlichen Schmerzen, in Entspannung liegend?

Worauf wartest Du noch? Oder bekommst Du etwa, wenn Du weiter leidest, die Dir fehlende Aufmerksamkeit? Also den so genannten Sekundärgewinn, das Gute am Schlechten…..

Kapitel 9 Muss ich da wirklich morgen wieder hinfahren?

Wie ich Dir ja schon erzählt habe, bin ich Mitarbeiter eines mittelgroßen Finanzdienstleistungsunternehmens und arbeite in einem mittelgroßen Ort irgendwo im Südwesten Deutschlands. Ich habe gerade eine entspannte Urlaubswoche mit fast durchgehend strahlendem Sonnenschein im Spätsommer verbracht. Und sitze nun am Sonntagnachmittag, den 13.09.2020, in der Nachmittagssonne auf der Terrasse meiner Partnerin.

Am heutigen Morgen fuhren wir zu einer Kollegin von mir und luden sie zu einem spontanen Vormittagsspaziergang ein. Hierbei lernten wir den Künstler und quasi Erschaffer eines Zauberwaldes am Randes des Heimatortes der beiden kennen. Dieser Mann erschafft nur mit Materialien, welche er im Wald findet, kleine, mystische Gestalten, welche Spaziergänger erfreuen, wenn sie diese, vielleicht auch mit ihren Kindern entdecken.

Ich habe sehr selten in meinem bisherigen Leben einen Menschen gesehen, der mit einem solchen liebevollen und ausgeglichenen Strahlen in den Augen von seiner Berufung sprach. Selbst auf den Hinweis meiner Kollegin, dass ihn doch eigentlich und uneigentlich, die mutwillige Zerstörung seiner Skulpturen von seinem Schaffen neuer Gegenstände abhalten sollte, beantwortete er mit einem Lächeln und dem Hinweis, dass es sich doch eh um vergängliches Material, sprich Holz aus dem Wald, handeln würde und er somit eh regelmäßig immer neue Gegenstände gestalten müsse. Ich hatte den Eindruck, dass ihn dieser äußere Umstand, ebenso wie mögliche Unwetter und ähnliches, nicht im leisesten davon abbringen würden, weiter seiner, vielleicht sogar Lebensaufgabe nachzugehen und im Wald etwas spannendes und wunderbar Neues gestalten und damit anderen Menschen eine Freude zu bereiten.

Diese Begegnung, genau einen Tag vor meinem Urlaubsende, ließ mich etwas durchaus Schmerzliches spüren. Ich würde mich also montags morgens auf den Weg machen. Auf den Weg zu meinem Arbeitsplatz, an dem ich meinen Job verrichtete. Professionell, aber irgendwie ohne das besagte Strahlen in den Augen des älteren Mannes, der seinem Herzen folgte und in der freien Natur etwas für andere Menschen erschuf.

Wann ich mein Strahlen in den Augen verloren hatte, während ich meine Arbeit verrichtete, kann ich Dir nicht wirklich sagen. Ja, es gab und gibt immer noch den ein oder anderen Moment, bei dem ich auch im Job mein Strahlen in den Augen habe.

Nur wenn an mein eigenes Energielevel denke und die Möglichkeiten der Veränderung meiner Klienten nach einem Beratungssetting oder einem Coaching bei mir spüre, merke ich einfach nur sehr deutlich, zu welcher wirklichen Berufung es mich im Moment sehr deutlich hinzieht. Ja, ich bin mir durchaus dessen bewusst, dass sich mein derzeitiger Sinn des Lebens eventuell auch mal wieder verändern kann. Jedoch bereitet es mir so einen enormen Spaß und eine Riesen Freude, wenn ich bei meinem Klienten langjährige Blockaden und Hemmnisse einfach mal ein paar Schritte vorwärts zu gehen und sich in der Veränderungen ein Stück wohler zu fühlen, unterstützen darf. Es führt wieder zum besagten Strahlen in meinen Augen und lässt mich vermeintlich schwierige Wege, die ich nicht mehr aus dem Herzen heraus fahren möchte, trotzdem und immer noch, aus Dankbarkeit auch für die sonstigen Möglichkeiten, die sich mir hierdurch auch eröffnen, zu fahren. Ja, mit meinem Job finanziere ich mir derzeit meine Berufung. Und diese Situation darf sich sehr gerne immer mehr dahin verändern, dass auch meine Berufung mein Leben finanziert.

Ich bin dafür sehr dankbar, dass ich meinen Job habe und hieraus noch besagten Großteil meines Lebensunterhaltes verdiene. Und ich bin für alles dankbar, was mir mein Job ermöglicht. Meine Aus- und Weiterbildungen und die Möglichkeiten, durch die Anwendung und Vermittlung der unterschiedlichsten Techniken, anderen Menschen das Leben etwas einfacher und dynamischer gestalten zu können. Ich glaube, dass sich hierdurch mein Sinn des Lebens erfüllt, dass das Strahlen in den Augen meiner Klienten eben auch meine Augen zum Strahlen bringt. Und wie der ältere Mann im Wald, bin ich mir dessen bewusst, dass es durch äußere Einflüsse und Umstände auch mal zu einem Rückschritt in der Entwicklung des Menschen kommen kann. Nur gilt es, einmal diese Menschen oder sonstigen Umstände auch mal gehen lassen zu können. Oder, wenn diese den Wunsch äußern, Ihnen eben auch bei ihrer Weiterentwicklung zu helfen. Und vielleicht finden ja auch neue Begegnungen mit weiteren Menschen in einer ähnlichen Situation und Interessenlage statt, so dass sich eben durch diese Fokusveränderung auch Dein soziales Umfeld verändert und sich weiter entwickelt…. Wer weiß das schon?

Welche Wege fährst Du täglich?

Welche körperlichen, geistigen und seelischen Auswirkungen hat es auf Dich, wenn Du diese Wege nicht wirklich fahren willst?

Möchtest Du wirklich ernsthaft erkranken? Oder möchtest Du Dich vielleicht schon vorher von bereits bestehenden Beschwerden frei machen?

Was bringt Dein Herz zum Leuchten und Deine Augen zum Strahlen?

Gib Dir jeden Tag mehr davon. Stückchen für Stückchen.

Brauchst Du dazu andere Menschen? Oder schaffst Du es auch alleine und aus freien Stücken? Absichtslos? Bedingungslos?

Kapitel 10 Wenn alles gesagt und getan ist, wirst Du dann mehr gesagt als getan haben?

Einfach mal angenommen, Du bist im Bereich der sozialen Netzwerke unterwegs und Dir würde der Satz in dieser Überschrift über den Weg laufen....
Was würdest Du tun? Was löst dieser Satz in Dir aus? Was und vor allen Dingen, wie viel denkst Du darüber nach?

Nun, ich habe oftmals für mich so das Empfinden, dass ich weniger der Redner, als mehr Zuhörer bin. Und darüber hinaus habe ich für mich so die Idee, dass ich eher der „passive" Redner als der aktive „Umsetzer" meiner Gedanken und Ideen bin.
Achja, stimmt. Darüber hinaus denke ich auch noch viel mehr darüber nach, was ich sagen und aussprechen könnte, geschweige denn, was ich tun könnte.

Da sitze ich also am Abend des 16.09.2020 in meiner ursprünglichen Wohnung und nicht bei meinem Schatz. Ich bin diesmal nicht zu ihr gefahren, resümiere innerlich den heutigen Tag und denke nach. Ich denke darüber nach, was ich am heutigen Tag so gerne alles gesagt hätte. Ich denke auch darüber nach, was ich am heutigen Tag so gerne alles getan hätte. Beginnend also schon am frühen Morgen, begab sich mal wieder einer meiner eher lethargischen Tage mit wenigen Gesprächen, noch weniger Umsetzung, z.B. der Pläne, die ich für meinen heutigen freien Nachmittag noch nicht einmal hatte und eben auch keiner wirklichen Umsetzung dieser nicht vorhandenen Pläne. Scheinbar bin ich, wenn ich bei meinem Schatz lebe, denn dann doch etwas umsetzungsstärker und auch etwas strukturierter in meiner Vorgehensweise.

Ok, ich treffe für mich dann also jetzt kurz nach Mitternacht eine Entscheidung.

Ich möchte mehr mit anderen Menschen reden. Und zwar über die schönen und wirklich wichtigen Dinge des Lebens sprechen. Natürlich werde ich auch darüber nachdenken, was ich in diesen Gesprächen so von mir gebe, alleine schon aus Rücksicht auf meine künftigen Gesprächspartner;).

Und ja, mein Versprechen an mich, ist meine verstärkte Umsetzung. Die Umsetzung von Dingen, die mich und meine Mitmenschen in meinem Umfeld, die auch ein wirkliches Interesse daran haben, ein Stück weiterbringt. Und ich möchte mein Versprechen an mich selbst noch um das Adjektiv „zielgerichtet" ergänzen.

Denn wie effektiv gestaltet sich denn ein Nachdenken und Sprechen über externe Themen, in denen Du für Dich und Deine Gesprächspartner keine wirklich großartigen Potentiale in den extern vorgegebenen Handlungsmöglichkeiten siehst? Überschaubar? Sehe ich ähnlich. Und gerade in der letzten Zeit treffe ich des Öfteren wieder bewusst auf meine immer größere Unzufriedenheit, was den Aspekt der Fremdbestimmung angeht. „Vielleicht" denke ich ja weniger nach, sage etwas mehr und tue vor allen Dingen mehr, wenn ich mich mehr in meiner Selbstbestimmung bewege?

Denn wie schön ist es doch, zielgerichtet mit Menschen zu sprechen und mit ihnen konkrete Dinge zu vereinbaren, die diese Menschen in ihrem Tun entlasten, Dich selbst in Aktivität versetzen und hierdurch mehrere Parteien einfach ein Stück vorwärts kommen.

Ja, jetzt kann ich doch irgendwie in Dankbarkeit über meine Umsetzung verschiedener Dinge an diesem Tag beruhigt das Licht ausmachen und schlafen gehen. Denn auch dieser Tag bot mir einige Elemente, die sich für mich rückblickend als größere und wichtige Schritte meiner Entwicklung darstellten.

Obwohl ich sie im ersten Moment gar nicht mal als solche wahrgenommen hatte.

Ich fahre also morgen auch endlich wieder zu meiner Partnerin. Irgendwie ist es zu zweit auch schon mal schöner als alleine nachzudenken und eben mehr zu reden. Miteinander zu reden. Und komischerweise auch mehr dadurch zu tun. Beispielsweise für und mit 4 Kaninchen bei meinem Schatz, aber das ist ein Thema eines weiteren Kapitels.

Inwieweit denkst Du nach? Über Dich? Dein Tun? Dein Nichtstun?
Über andere? Deren Tun? Deren Nichtstun?

Inwieweit bist Du in Deinem inneren Dialog ein Opfer der/ Deiner Umstände? Inwieweit bist Du Täter? Für Dich? Für andere? Gegen Dich? Gegen andere?
Inwieweit rettest Du Deine Mitmenschen? Und wer soll verdammt nochmal endlich Dich retten und taucht doch nie auf?
Welche Möglichkeiten siehst Du für Dich aus Deinem täglichen inneren Drama-(Dreieck) aus Täter, Opfer und Retter auszusteigen?
Und in Deine Selbstbestimmung (natürlich zum Wohle aller Beteiligten) einzusteigen?

Kapitel 11 Haben denn auch Tiere Bindungsschwäche?

Wie ich schon mal erwähnt habe, lebe ich inzwischen schon so konstant und regelmäßig bei meinem Schatz, dass ich hier meinen 2. Wohnsitz anmelden könnte.

Ja, und inzwischen befindet sich das Virus mit dem Namen C im 7. Monat, oder so etwa und ich lebe immer noch bei Natalie. Ok, von zwischenzeitlichen diversen Fluchtimpulsen meinerseits mal abgesehen, klappt das sogar ziemlich gut. Mir fehlt ja schon fast etwas oder jemand, wenn ich, an ein bis 2 Tagen pro Woche, auch mal eine Nacht in meiner alten Wohnung verbringe.

Und ja, es ist nicht nur mein Schatz Natalie, die hier auf mich wartet, sondern es gibt da auch noch verschiedene Kaninchen, die meiner Aufmerksamkeit bedürfen.

Da gab es einmal 3 Seniorenhasen. Erna, Ferdinand und Eduard. Erna und Ferdie leben gemeinsam in Stall 1, vertrugen sich jedoch nicht wirklich mit dem lieben Eddie, welcher wiederum alleine in Stall 2 und im Freigehege vor den Ställen herum hoppelte.

Auf der einen Seite alleine und ohne Partnerin, jedoch scheinbar irgendwie glücklich. Er hatte sich eben einfach seiner Situation hingegeben und diese so angenommen, wie sie ist. Dafür wurde er in den knapp 3 Jahren, die ich ihn kennen durfte, verstärkt auch von mir geknuddelt.

Ja, kennen durfte, denn zu Beginn diesen Jahres, ist der kleine Kerl verstorben. Für mich sehr schwierig, denn ich hatte zu diesem Tier eine Bindung aufgebaut und durfte ihn zu Grabe tragen. Obwohl ich mir immer dachte, dass ich aus diesem möglichen Verlust heraus mir niemals mehr Tiere anschaffen wollen würde.

Nun sahen denn die beiden anderen Kaninchen, wie Natalie und ich mit Eddie fortgingen und ohne ihn zurückkamen. Ich hatte hier so das Gefühl, dass die beiden noch Tage danach auf der Seite des Freigeheges standen und zu der Stelle blickten, zu der wir den Hasen brachten.

Haben Tiere Gefühle und Emotionen? Haben Tiere einen Wunsch nach Verbindung und Kontakt? Aus meiner Sicht definitiv ja, was ich aus dieser und mindestens einer weiteren Begegnung mit der Tierwelt heraus gelernt und gespürt habe.

Irgendwann, im Laufe diesen Jahres, äußerte meine Partnerin den Wunsch nach weiteren Hasen, da ja Stall 2 so ungenutzt doch wirklich leer und trist aussah. Mir war schon deutlich früher klar, dass dies so kommen würde. Spätestens nachdem bei uns beiden die Tränen trockener wurden, wenn wir, jeder für sich und auch gemeinsam an Eddie dachten.

So kam es, dass wir beide uns für Walltraut und Gustav als Zuwachs entschieden.

Nach zu erledigender Impfung und der Erholung der Tiere würden wir diese dann nach im Fachgeschäft abholen können. Gustav hat diese Impfung, komischerweise, jedoch leider nicht überstanden und auch der kleinen Wallie ging es mehrere Tage eher weniger gut. Ein Schelm jedoch, der angesichts der derzeitigen allgemeinen Impfeuphorie zum Virus namens C, böses darüber denken würde.

Nach mehreren Tagen durften wir also das kleine Zwergkaninchen, welches neugierig und richtig vital und lebendig durch den Glaskasten flitzte als sich sich uns ausgesucht und mit ihrem Charme erobert hatte, endlich abholen.

Vorher bedurfte es jedoch noch des dringenden Beschaffens eines Freundes und Partners für Walltraut, denn Kaninchen brauchen unbedingt einen Partner zur Gesellschaft, da sie ansonsten vor Einsamkeit eingehen. Nach etlichen Telefonaten mit Zoofachgeschäften haben wir dann endlich ein Geschäft gefunden, welches ein Kaninchen zu verkaufen hatte. Mein Schatz und ich entschieden uns jedoch gleichzeitig gegen diesen Hasen, welcher wohl schon seit mehreren Wochen einsam und sichtlich verstört aus seinem Miniglaskasten blickte. Eigentlich hätten wir ihn dringend aus dem Kasten retten sollen, brauchten jedoch dringend einen adäquaten, weil jungen Partner für das ganz junge Zwergkaninchen Walltraut. Und da entdeckte ich eine gerade erfolgte Anlieferung neuer Kaninchen und hieraus Günther, welchen wir also direkt und ohne Impfung als neuen Partner für Walltraut erwarben und direkt im kleinen Käfig mitnahmen, um zum eigentlichen Zoofachgeschäft weiter zu fahren und Walltraut mitzunehmen.

Den ursprünglichen Hinweis der Verkäuferin, dass wir ja die Kleine auch hätten zurückgeben können, haben mein Schatz und ich schon im Telefonat deutlich zurück gewiesen. Denn auch nur das erste Treffen hat schon zum Verlieben gereicht. Wir wollten eben Walltraut und einen Partner für sie und fuhren somit mit 2 kleinen Häslein nach Hause. Günther, frisch, fromm, fröhlich und fidel, machte sich gleich mit seiner neuen Umgebung, dem Bad, welches wir zum Akklimatisieren für die 2 nutzten, vertraut, lief neugierig herum und inspizierte alles. Nur Wallie hockte sich passiv in die Ecke und ließ sich durch nichts bewegen und zu nichts animieren. Selbst die Nahrungsaufnahme fiel ihr schwer. Sie schien sichtlich verstört und wie ein ganz anderer Hase als die, die ich ausgesucht hatte.

Nun, ich muss dazu erwähnen, dass sie wohl die ganze Nacht neben dem, aufgrund der Impfung verstorbenen, Gustav lag und augenscheinlich und definitiv um diesen Verlust trauerte.

Nach einiger Zeit haben wir die Kleine wieder auf den Damm bekommen, wofür ich sehr dankbar bin. Mir ist in diesen Wochen einiges deutlich geworden.

Haben Tiere Gefühle und Emotionen? Gehen Sie Bindungen zueinander und zum Menschen ein? Definitives Ja.

Und wie mag es ihnen gehen, wenn diese Bindung auf einmal wegbricht....

Und ja, wir Menschen suchen uns auch die Tiere aus, oder die Tiere vielleicht auch uns, je nach Sichtweise, die unsere eigenen Verhaltensweisen spiegeln.

Ich saß denn mal so eines Abends im Bad bei den 2 kleinen Häschen, um für sie da zu sein, gerade die Kleine zum Essen zu animieren und durch einen liebevollen Kontakt, ihr vielleicht etwas ihrer Ängste und Traurigkeit zu nehmen.....

Hier ergab sich denn nach einigen Wochen eine Situation, welche mir immer noch vor Rührung die Tränen in die Augen treibt. Die kleine und immer noch sehr scheue Walltraut näherte sich an diesem besagten Abend mir und stupste mit ihrer kleinen Nase ganz kurz und sanft an meine Fußsohle, wie wenn sie sich bei mir bedanken wollte, dass wir sie mitgenommen haben und nicht zum Züchter zurücksenden ließen, nur weil sie eben als Einzige von beiden Hasen die Impfung überlebte. Und ja, seitdem bin ich jedes Mal mehr gerührt, wenn ich dieses kleine zuckersüße Häschen Walltraut auf meinem Arm habe.

Wie sie endlich wieder selbst und eigenständig Nahrung zu sich nahm? Nun, ihr Partner Günnie kam, nachdem wir die beiden im etwas wärmeren Frühjahr 2020 mit den beiden älteren Hasen, Erna und Ferdinand dadurch in Kontakt, dass er sie mit bedingungsloser Liebe und Unterwürfigkeit überschüttete. Besagte bedingungslose und absichtslose Liebe war es wohl auch, welche der kleinen Wallie über den Verlust des ursprünglich vorgesehenen Hasen über den Berg half und ihr letztendlich das Leben rettete. Sie war einfach mit jemandem zusammen, der den ganzen Tag für sie da war, sie putzte und sie wieder zum Leben animierte.

Sie konnten also gar nicht anders, als ihn in ihrem Herzen aufzunehmen und endlich wieder zu hoppeln und selbstständig zu fressen, frech und fidel zu sein.

Wallie ist nun mehr die Gejagte. Dadurch, dass die beiden älteren Kaninchen, Erna und Ferdinand ihr aufgrund ihres fortgeschrittenen Alters nicht mehr wirklich folgen können, spielen sie doch ihr tägliches Spiel und jagen sich täglich durch das große gemeinsame Freigehege im Garten meiner Partnerin.

Und doch wird aber auch die Kleinste in der Runde tapfer von allen anderen Hasen aufmerksam gegen mögliche Gefahren von außen verteidigt. Sie achten eben in der Zwischenzeit auf sich und alle Teile dieser kleinen Familie, die irgendwie, durch einen glücklichen Zufall, zueinander gefunden hat. Ein besonderes und goldiges tägliches Schauspiel.

Irgendwie habe ich so das Gefühl, dass Wallie auch in den ruhigeren Phasen des täglichen Spiels der 4, gerne ein Teil der Truppe wäre, wenn sich die 3 großen Kaninchen im Schatten ausruhen. Sie sondert sich dann meistens ab und liegt denn separat und alleine, getrennt von den anderen 3 Rackern und scheint sich aus Angst weniger zu Ihnen zu trauen.

Kommt mir irgendwie bekannt vor, nur habe ich bis jetzt noch nicht die wirklich passende und praktikable Lösung für die Kleine gefunden.

Lebst Du alleine? Lebst Du zumindest gemeinsam mit Tieren?
Welche Deiner eigenen Verhaltensweisen und Verhaltensmuster spiegeln sie Dir?

Lebt denn Dein Tier zumindest mit jemandem zusammen? Hat es Bindung zu einem Partner? Oder lebt Dein Haustier genauso einsam und ohne Bindung zu anderen Tieren oder zu Dir selbst, wie auch Du es tust?

Was könntest Du zum Wohle Deines Haustieres und zum Wohle von Dir selbst verändern?

Kapitel 12 Auslandsaufenthalte

Ich fahre ja ab und an gerne ins Ausland. Sei es nur für ein leckeres Mittagessen ins Elsass oder eben für einige Tage in die Niederlande ans Meer.

Einen Zug und inneren Drang verspüre ich ins europäische Ausland und vielleicht auch einmal nach Kanada oder Australien (sonst jedoch nichts anderes) als außereuropäisches Reiseziel.

Wirkliche Lust, mich 12 Stunden in den Flieger zu setzen, um mich beispielsweise 14 Tage in Asien herumzutreiben, verspürte ich jedoch nie. Es gibt eben in Deutschland und Europa noch so viele schöne Fleckchen, die ich noch nicht kenne.

Und nun bin ich mal gespannt, wie sich mein erster wirklicher Auslandsaufenthalt seit einem Jahr gestalten wird. Am kommenden Wochenende plane ich meine Teilnahme an einem Seminar in der Schweiz.

Ja, ich befand mich Zeit meines Lebens in der sehr glücklichen Lage, Länder nach meinem Gusto besuchen zu können. Aktuell führen jedoch gewisse Reisebeschränkungen nicht nur mich selbst, sondern unzählige andere Menschen dazu, sich einmal genau zu überlegen, in welches Land ihre Reise führen würde.

Derzeit darfst Du Dich nämlich sehr kurzfristig über Reisewarnungen und ähnliches informieren, um nicht nach Deiner Rückkehr in eine Quarantäne gehen zu müssen. Wobei sich die derzeitige Lage hierzu quasi täglich ändern kann.

Was mir das sagt? Ich bin rückblickend sehr dankbar über alle Möglichkeiten, die ich, in Bezug auf Reisen ins Ausland und mein Kennenlernen von deren Sitten und Gebräuchen, genutzt habe.

Natürlich hätte ich mich auch noch auf wesentlich mehr Reisen einlassen können, aber es ist nun einmal, wie es ist.

Und nun geht es für mich künftig darum, wesentlich mehr meiner Möglichkeiten zu nutzen. Denn ruckizucki können mal von inneren Einflüssen abgesehen, alleine durch surreale äußere, eben externe Gegebenheiten meine Reisewünsche, Ziele und Pläne komplett über den Haufen geworfen werden. Die viel beschriebene Freiheit, welche wir in Deutschland nun einmal über viele Jahre und Jahrzehnte genießen durften, ist dann vielleicht auf einmal vorbei, obwohl Du ja eigentlich gerade gerne die eine besondere Reise, welche vielleicht sogar Teil Deiner Löffelliste gewesen wäre, angetreten hättest.

Und nun erreichte mich 4 Tage vor meiner geplanten Abfahrt die Nachricht, dass die Seminarleiterin die Veranstaltung verschiebt. Ok, ich hatte mich eh gewundert, dass ich keine Kontoverbindung von ihr zugesandt bekam, um den Kursbeitrag überweisen zu können und hatte für mich schon ein unbestimmtes Gespür dafür, dass das Seminar irgendwie nicht stattfinden würde.
Trotzdem hatte ich mich sehr darauf gefreut, Bekannte zu treffen, soziale Kontakte zu pflegen, mal wieder ins Ausland zu fahren, im Hotel verwöhnt zu werden und eben auch mal wieder selbst gecoacht zu werden....
Irgendwie fühlte ich mich jedoch auch wie eine persönlich beleidigte Leberwurst, nur weil eben jemand meine eigenen Pläne durchkreuzte. Obwohl die Absage ja nichts mit mir selbst zu tun hatte, beklagte sich mein inneres Kind sehr darüber, dass ihm also diese geplante Aufmerksamkeit versagt werden würde. Ich bin mir inzwischen sogar etwas darüber unsicher, ob ich denn wirklich am Seminar selbst interessiert war, oder eben nur an den sehr angenehmen und vorhin aufgezählten Begleiterscheinungen.
Auf jeden Fall schon wieder eine spannende Erfahrung, welche mich künftig nicht nur darüber mit dem Kopf

nachdenken lässt, ob mich etwas wirklich interessiert, sondern künftig werde ich zusätzlich mein Herz befragen, was ich denn wirklich dort möchte, welche wirklichen Bedürfnisse mich zu einer Anmeldung verleiten.

Und wichtig hier das bewusste in mich hineinhorchen, wer mir denn diese wirklichen Bedürfnisse letztendlich am besten befriedigen könnte. Ok, der Wunsch nach Austausch und sozialen Kontakten bedarf anderer Menschen. Nur wenn es um Aufmerksamkeit gehen würde, so habe ich zumindest im Bewusstsein die mehrfachen Erfahrungen gemacht, dass die wirkliche, liebevolle und ungeteilte Aufmerksamkeit, die ich mir manchmal gewünscht habe, letztendlich nur von mir selbst kommen kann. Zumindest so, dass ich sie auch bewusst bemerkt hatte und ohne Selbstzweifel habe annehmen können.

Nun ist also der besagte Samstag gekommen. Ich bin weder in die Schweiz, noch zu einem vielgeliebten Ausflug ins Elsass gefahren. Ich habe meinen freien Vormittag mit den Vorbereitungen zu meinem nächsten eigenen Seminar, Einkaufen und etwas Hausarbeit verbracht.

Und ich darf für mich etwas überraschend sagen, weil ich es fühle, dass ich das Seminar letztendlich nicht so wirklich vermisse. Denn ich konnte produktives für mich, meine Zukunft und die Zukunft meiner Seminarteilnehmer erarbeiten und entwickeln.

Natürlich gibt's da noch so den ein oder anderen Zweifel, nur habe ich jetzt im Endeffekt für mich gefühlt, dass ich natürlich gerne auch Zeit mit neuen und anderen Menschen verbracht hätte, und mich persönlich, ok, mit neuen Einflüssen aus dem Außen, gerne weiterentwickelt hätte.

Aber da wären sie auch wieder gewesen. Meine Sehnsüchte nach Input und Bestätigung aus dem Außen. Und dabei, während ich diese Zeilen schreibe, fühlt es sich mindestens ebenso gut, wenn nicht inzwischen sogar noch besser, wenn ich endlich in der konstruktiven Umsetzung meiner eigenen Ziele und Visionen, sowie der Erfüllung meiner Mission bin. Wenn ich also aus meinem ständigen Streben nach zusätzlichem, aber nicht wirklich neuem Input aus dem Außen verpasse, konstruktiv in die Umsetzung für mich, meine Visionen und Ziele zu gehen.

Aber irgendwie hatten wir auch das ja schon mal thematisch behandelt. Vielleicht manifestiert es sich jetzt auch mal in meinem Unterbewusstsein, damit ich endlich zielgerichteter in die Informationsaufnahme für mich gehe, um größere Schritte vorwärts zu machen, statt immer nur Input zu wiederholen……

Wird schon werden;)

Letztendlich haben sich, gerade in den letzten Tagen, auch mal wieder die Reisewarnungen ins Ausland zusätzlich verschärft. Ja, nach Baselland, bzw. wieder zurück nach Deutschland, wäre ich ohne zusätzlichen Quarantäneaufenthalt gekommen.

Aber macht es wirklich Spaß, vor jedem Schritt, den Du über die Grenze machst, schauen zu müssen, ob und wie dieser Schritt erlaubt ist, oder welche Konsequenzen dieser nach sich ziehen könnte, auch wenn Reisewarnungen auch im Nachhinein erst ausgesprochen werden würden?

Ich bevorzuge da eher eine gewisse Planungssicherheit und habe lieber die Kontrolle auch über mögliche Konsequenzen meines Handelns und Tuns.

Was löst es in Dir aus, wenn Du auf einmal liebe Freunde und Verwandte nicht mehr persönlich besuchen darfst?

Welche Wirkung hat es auf Dich, wenn Du auf einmal in die soziale Isolation gedrängt wirst? Und das durch äußere Einflüsse, die Deine selbstgewählte Isolation und soziale Vereinsamung vielleicht noch zusätzlich potenzieren?
Was suchst Du wirklich, wenn Du weg von zuhause, z.b. ins Ausland fährst?
Was könntest Du einfacher zuhause finden?
Was löst eine Beschränkung Deines Bewegungsradius durch Reisewarnungen in Dir aus?
Was hast Du im Homeoffice und im Urlaub zuhause entdeckt, was Dich wirklich glücklich/ glücklicher gemacht hat?
Wie könntest Du dieses „glücklich sein" noch vermehren und ausbauen?

Kapitel 13 Wo bin ich denn wirklich zuhause?

Wie ich ja schon das ein oder andere Mal erzählt habe, verbringe ich inzwischen die meiste Zeit im zuhause meines Schatzes. Zu Beginn der Ausgangsbeschränkungen aufgrund des Virus namens C, haben wir beide quasi unsere Haushalte bei ihr zusammengelegt. Also so irgendwie. Aber auch nicht so ganz richtig…. Hachja, ist eben alles ein wenig kompliziert. Oder eben auch bequem für mich, weiterhin über eine eigene (Miet-)Wohnung zusätzlich zu verfügen.

Ich hatte mich vor einigen Jahren von einigen eigenen Immobilien getrennt und diese verkauft. Gut, ein wenig zu früh, angesichts der hiernach deutlich höher gestiegenen Verkaufspreise, getrennt, aber das ist eine andere Geschichte. Ich verfüge also noch über eine mittelgroße Mietwohnung in einem malerischen Ort, irgendwo im Südwesten Deutschlands und lebe doch die meiste Zeit bei meinem Schatz. In ihrem Haus, nochmal 35 Kilometer weiter weg von ihrem und meinem Arbeitsplatz. So fahren wir also beide morgens jeweils knapp 60 Kilometer in die gleiche Richtung und treffen uns dann abends wieder….im Haus meines Schatzes….wieder nach gefahrenen 60 Kilometern für uns beide. Gut, so etwa 1 bis 2 Nächte pro Woche verbringe ich noch in meiner eigenen Wohnung. Dies ist aber eher der Bequemlichkeit geschuldet. Denn wenn abends bei mir aufgrund von Veranstaltungen mal später wird, habe ich an einer halben Stunde länger im Auto sitzend und fahrend dann auch keinen Spaß mehr.

Immerhin bin ich ja auch in gewisser Weise konsequent. Denn final in diesen Ort ziehen, möchte ich nicht wirklich. Der einzige Grund wäre überhaupt mein Schatz. Ok, und die 4 Kaninchen. Und da fällt mir doch die eine Frage ein, welche ich mir und meinen Klienten in Beratungssessions in meiner jüngeren Vergangenheit des Öfteren gestellt habe.

Was wäre denn die gute Lösung? Oder eben, was wäre das Gute am Schlechten?;). Spaß beiseite, denn vor einigen Tagen erhielt ich eine telefonische Vorabinfo, dass meine Miete um 20% erhöht werden würde. Insgesamt ein mir unpassender, jedoch vollkommen regulärer Vorgang, der mich nun in die Bewegung bzgl. meiner derzeitigen und meiner künftigen Wohnsituation brachte. Wie lange würde ich denn noch in einem etwas unkonkreten Schwebezustand verbringen wollen? In einem Schwebezustand und der dauernden Fahrerei, zwischen Arbeitsplatz und eigener Wohnung, zwischen Dingen, die ich beruflich von Herzen gerne tue und dem Haus meines Schatzes? Einem dauernden Unterwegs sein und nicht wirklich wissen, wo und was ein Zuhause ist?

Was sind denn nun meine wirklichen Ziele und Wünsche zu meiner künftigen Wohnsituation? Welches Zuhause wünsche ich mir wirklich und von Herzen? Was ist ein wirkliches Zuhause überhaupt?

Gut, also mal wieder an erster Stelle die kognitive Definition eines Zuhauses. Da sind 4 Wände, ein Bett, Fernseher, Küche, Couch, Bad und Toilette. Du verlässt dieses Zuhause um täglich zur Arbeit zu gehen, einzukaufen und Dich mit Freunden zu treffen. Und Du fährst nach getaner Arbeit wieder nach Hause. Und bist, bestmöglich, dort glücklich und zufrieden.

Was ist jedoch wirklich notwendig, um Dich in Deinem Zuhause glücklich zu machen? Ist es die teure Einrichtung, der Riesenfernseher oder eben Deine Oase, in der Du Dich wirklich erholen kannst, Du Dich wohl und sicher fühlst?

Vielleicht lebst Du ja alleine und würdest Dich freuen, wenn Dich jemand zuhause erwartet?

Oder lebt jemand mit Dir zusammen und Du denkst Dir etwa: „ Himmel, was würde ich dafür geben, jetzt alleine zu sein? „ und wie oft wiederholen sich diese Gedanken, ohne dass Du etwas in Deinem Leben veränderst?

Warum gibt es denn in Deutschland so unzählige Singlehaushalte? Wenn ich richtig liege, so ca 12 Millionen? Und das, obwohl wir sozialen Wesen uns doch nichts sehnlicher wünschen, als gemeinsam mit jemandem unser Leben zu teilen?
Aber bitteschön dann auch mit dem/ der Richtigen.

Und was wäre denn nun wirklich die gute Lösung?

Ich würde gerne hierzu mal einige Hypothesen ins Spiel bringen.
Heb doch bitte einmal Deine Hand, wenn Du in einer Beziehung lebst. Spaß beiseite, denn natürlich brauchst Du nicht die Hand zu heben, denn gleich wirst Du wieder eine Seite umblättern dürfen. Ok, Du lebst also in einer Partnerschaft, hast vielleicht auch Kinder.
Und nun meine Frage an Dich. Bist Du wirklich glücklich? Ohne irgendwelche Sehnsüchte? Nach Ruhe? Auch mal etwas alleine tun zu wollen?
Ist dort auch Dein Zuhause? An der Adresse, die auf Deinem Personalausweise steht? Oder zieht es Dich vielleicht immer mal wieder, insbesondere wenn es Dir besser gehen könnte oder Du einen emotionalen Moment hast, vielleicht doch eher zu Mama? Sprich in die Orte Deiner Kindheit und Jugend? Oder eventuell zur von Dir geliebten Oma, von der Du nach Strich und Faden hoffentlich verwöhnt wurdest?
Was ich damit sagen möchte ist, dass vielleicht manche von uns, natürlich ist der Autor diese Buches davon vollständig ausgenommen;), einfach immer nach etwas anderem, hoffentlich besserem suchen als dem, was gerade im Moment da ist.
Könnten Sie jedoch in diesem Moment beschreiben und definieren, was ihnen in dem Moment zu wirklichem Glück fehlen könnte? Vermutlich eher nicht.

Auch hier ein exemplarisches Beispiel für eine so genannte „weg von" Bewegung. Weg von dem, was eigentlich da ist und eigentlich ja irgendwie auch schön sein könnte…..nur? Wohin? Wo könnten viele Menschen denn ihr wirkliches Glück und ihr wirkliches Zuhause finden?

Wo denn finden, wenn sie nach einem vermeintlichen Optimum suchen und dabei das Glück vor ihrer eigenen Nase nicht wahrnehmen? Oder eben weder ahnen, geschweige denn wissen und erst Recht nicht fühlen, wo sie denn zuhause sein könnten? Im heutigen hier und jetzt, ohne mit feuchten Augen nur an Weihnachten in die alte Heimat zu Mama und Papa zu kutschieren und dabei im Autoradio „Driving Home for Christmas" zu hören?

Lasst uns doch einfach mal die Gedanken und Gefühle unserer inneren Kinder fühlen und wahrnehmen und Ihnen sagen, dass die Heimat unserer Kindheit eben die Heimat von damals ist, wir uns jedoch weiter entwickelt haben. Lasst uns unsere Wünsche ans Universum versenden, wie und mit wem, wir uns künftig ein gemeinsames zuhause ausmalen, entwickeln und aufbauen wollen. Und lasst uns vor allen Dingen im Hier und Jetzt, aus dem, was gerade da ist, die bestmögliche Gegenwart zaubern und wahrnehmen, einfach fühlen, dass es jetzt gerade, so wie es ist, einfach auch wunderschön sein kann und ist.

Sprich, einfach mal annehmen, nutzen und verstärken, was gerade da ist.

Wo bist wirklich Du zuhause?

In der Vergangenheit, in den Orten Deiner Kindheit und Jugend? In dem, wo und wie Du Dich in der Zukunft, z.B. in Deinem Rentenalter siehst?

Oder ist es vielleicht gerade jetzt, so wie es ist, doch ganz schön und angenehm? Ohne irgendetwas verändern zu müssen?

Wonach suchst du wirklich, wenn Du noch nicht angekommen bist?

Und wann bist du bereit, Dir und Deinen inneren Kindern die Heimat zu geben, die sie brauchen und die eh schon vorhanden ist, ohne es an Lokalitäten und Orten festmachen zu müssen?

Kapitel 14 Vergangenheit, Zukunft…..Gegenwart!!!

Aufbauend auf dem letzten Kapitel, möchte ich gerne mal noch so die ein oder andere Empfindung zu oben stehender Thematik mit Dir teilen. Wie Du eventuell in Buch 1 hast entdecken können, war ich ein wenig in belastenden Momenten, Gedanken und Emotionen aus meiner Vergangenheit verhaftet. Unter anderem durch jahrelange und intensive Arbeit an mir und der Entwicklung meiner Persönlichkeit, könnte ich für mich ein gutes und passendes inneres Arrangement mit diesen Themen treffen und mich inzwischen von diesen belastenden Gedanken, die mich durchaus auch für einige Moment blockiert hatten, lösen.

Ok, Thema Vergangenheit, dicker grüner Haken dran. Nächstes Thema? Hm, Zukunft? Auch durchaus spannend und mit einer gewissen Dynamik versehen. Denn wenn ich mir schon mal Gedanken über meine Zukunft gemacht habe, war es ein sanftes und leichtes Träumen, wie ich halbwegs unbeschadet in meine Rente kommen könnte, es bis zur Rente schaffen würde, um dann, ja endlich dann, glücklich zu werden und mein Leben genießen zu können….

Gut, ich bin jetzt nicht wirklich ein Verfechter einer „ich denke ausschließlich positiv" Philosophie, aber ich habe für mich eines entdeckt. Und zwar, dass ich mir die Bilder meiner eigenen Zukunft durchaus groß, bunt, schön und erfolgreich malen darf, damit, nach dem Gesetz der Anziehung, das Universum mir diese Geschenke denn auch wirklich machen kann. Denn diese schönen, bunten, gesunden und erfolgreichen Bilder, vielleicht auch regelmäßig in meditativer Gelassenheit gemalt, machen doch das Leben lebenswert. Zumindest meiner Ansicht nach.

Ok, möglichst also angstfrei in die Zukunft zu blicken und mit schönen ansprechenden Bildern Deine Wünsche und Ziele, Deine Visionen auszumalen, machen nicht nur die

Zielerreichung dynamischer, sondern zusätzlich, zum inneren Frieden mit Deiner eigenen Vergangenheit und allen Menschen und Umständen, die Dich Deine Vergangenheit irgendwie haben doof anfühlen lassen, lassen sie Dich doch eventuell im Nachhinein auch etwas gelassener sein.

Nur wie könntest Du das jetzt umsetzen?

Dir Bilder Deiner Zukunft malen? Und die zusätzlich in schön?

Nun, wie ich schon mal erwähnt habe, fiel es mir durchaus schwer, überhaupt einen Blick in meine Zukunft zu wagen.

Da waren besagte Termine, wann und in welcher Höhe meine Rentenversicherungen zur Auszahlung kämen.

Mehr gab es da nicht wirklich auf meinem eigenen Kalender zu entdecken. Und sollte es Dir ähnlich ergehen, möchte ich Dich nun einmal zu einem kleinen Experiment einladen.

Versetze Dich doch einfach mal in eine entspannte Sitzgruppe in einer wunderschönen Location, zum Beispiel am Lieblingsstrand auf Deiner Lieblingsinsel. Und zwar im Sommer des kommenden Jahres. Du wirst gerade interviewt und der Reporter stellt Dir die Frage, wie sich denn genau Dein Leben verändert hat, nachdem Du vor einem Jahr, den absoluten Megabestseller, das Buch des Jahres, veröffentlicht hast und sich daraufhin Dein Leben völlig verändert hat. Denn durch dieses Buch stehst Du im Rampenlicht, wirst zu den größten und schönsten Veranstaltungen eingeladen, bei denen Du lauter interessante Menschen triffst, die sich wirklich und von Herzen für Dich und Deine Geschichte interessieren.

Du bist durch diesen Erfolg so reich und wohlhabend geworden, dass sich also Dein Leben völlig verändert hat. Du kannst tun und lassen, was auch immer Du möchtest....

Und der Reporter möchte nun von Dir wissen, wie Du das erreicht hast. Was Du für Dich verändert hast und wie es sich anfühlt, wohlhabend, gesund, gefragt und glücklich zu sein, und das an den schönsten Orten der Welt.....

Was würdest Du ihm antworten? Und wie fühlt es sich für Dich an? Genieße die entstehenden Gefühle und Empfindungen und wenn Du Lust hast, notiere Dir doch einfach mal, was Du denn dem besagten Reporter und den unzähligen Zuhörern, die an Deinen Lippen hängen, sagen und mitgeben würdest?

Herzlichen Dank dafür, dass Du Dich mit Deiner eigenen, wunderschönen Zukunft, die Du selbst kreieren kannst, so liebevoll beschäftigt hast.

Die Vergangenheit ist also rückblickend doch ganz gut gelaufen und das mit der Zukunft klappt inzwischen auch schon ganz gut. Da bleibt also in diesem Sinne doch nur noch die Gegenwart übrig? Richtig. Und zwar die Gestaltung Deiner eigenen Gegenwart. Diese einmal wahrzunehmen und wertzuschätzen. Wert zu schätzen, in welcher Welt mit ihrer, gut, manchmal auch etwas eigenen, Schönheit, wir leben.
Ich fahre also am heutigen Samstag, den 03.10.2020 in den Taunus zu einem Kollegen und Freund aus einer meiner Weiterbildungen. Kurz habe ich daran gezweifelt, diesen Termin wahrzunehmen, denn mein Schatz hatte sich etwas im Kalender vertan und ein eigentlich für den heutigen Tag terminiertes Frühstück auf diesen Tag gelegt. Natürlich hätte ich jetzt meine Verabredung denn auch, aufgrund dieses Missverständnisses auf einen Tag später, den Tag des ursprünglich geplanten Frühstücks verlegen können, um also diesen Tag der Deutschen Einheit mit ihr zu verbringen. Ich hätte mich also in der Vergangenheit darum bemühen können, einen Termin in der Zukunft, aufgrund eines Missverständnisses in der besagten Vergangenheit zu ändern. Mit Auswirkungen auf mich und den besagten Freund, wobei wir ja beide nichts dafür konnten. Dadurch, dass ich jedoch in der Gegenwart von damals, als das Missverständnis klar

wurde, ich diese Situation eben als gegeben annahm, konnte also mein Schatz im Zuhause wirken. Und ich konnte mit meinem Kollegen konstruktiv an verschiedenen technischen Dingen arbeiten und diese umsetzen und habe hierbei auch neue Seiten einer Region Deutschlands erfahren, die ich bisher lediglich nur gestreift hatte. Insgesamt also vermute ich, für alle Seiten ein konstruktiver Tag, weil jeder von uns in seiner Gegenwart die jeweiligen Gegebenheiten angenommen hat. Und das ohne über vermeintliche Fehler in der Vergangenheit nachzudenken und sich wegen möglicher veränderter Auswirkungen auf künftige Dinge und Planungen größere als wirklich notwendige, Gedanken zu machen.

Mein Schatz macht mich da immer und immer wieder auf die wunderschönen Gegebenheiten des Hier und Jetzt aufmerksam. Und ja, natürlich ist es auch schöner, von etwas vermeintlich noch Schönerem zu träumen, solange Du eben die Schönheiten dessen, was bereits in diesem Moment da ist, dabei auf keinen Fall aus den Augen verlierst.

Wie oft verlierst Du Dich immer noch gedanklich in den schlimmen und unangenehmen Phasen und Dingen der Vergangenheit?
Wovor hast Du wirklich Angst, wenn Du an die Zukunft denkst?
Wie kannst Du Dir Deine Zukunft besser in schön und bunt ausmalen? Welche Vision verfolgst Du? Und welche Herzensziele möchtest Du wirklich in Deinem Leben erreichen? Vielleicht hast Du ja mal Lust, diese Bilder immer größer, noch schöner und noch bunter zu malen? Und in die Umsetzung deren Erreichung zu gehen….

Ich wünsche Dir von Herzen viel Freude dabei.

Kapitel 15 Ich mag meinen Job, ich liebe meinen Beruf

Vielleicht erinnerst Du Dich noch an meine Fahrt zu einer Fortbildungsprüfung, bei der ich vor einigen Wochen die Aufsicht geführt habe.

Nach einem Prüfling damals, sind es diesmal zumindest 5 Teilnehmer/- innen, die an dieser Prüfung teilnehmen.

Für mich ist diese zeitnahe Wiederholung spannend, da ich mich inzwischen ja schon mal mit den Gegebenheiten habe vertraut machen können und viel mehr, z.B. auch von diesem Saal wahrnehme. Darüber hinaus habe ich mich auch mit verschiedenen Utensilien ausgestattet, um die Zeit hier, die wir alle in Ruhe verbringen müssen, auch sinnvoll nutzen zu können. Ich finalisiere also gerade meine Seminarkonzeption, lese in einem neuen Buch und schreibe darüber hinaus noch weiter an diesen Zeilen. Ich nehme also gerade diese Situation im Hier und Jetzt und in dieser Konstellation als das wahr, was es ist. Ein Geschenk des Universums an mich. Denn ich kann Menschen dabei beobachten, wie sie in derselben Prüfungssituation, wie ich damals, sitzen. Nur eben knapp 20 Jahre später.

Was hat sich doch in diesen knapp 20 Jahren alles in dieser Branche, der Finanzdienstleistungsbranche, verändert?

Die Zinsüberschüsse der Banken und Sparkassen haben sich sehr deutlich reduziert. Wenn in früheren Jahre, Du als Sparkasse, die Einlage Deines Kunden mit 1% verzinst hast und Du auf der anderen Seite 4% an Kreditzinsen bekommen hast, so konntest Du von der Differenz, in Höhe von 3 % Punkten, sehr gut und auskömmlich leben. Denn Deine Kosten für Personal, Räumlichkeiten und Inventar waren gedeckt.

Im Sinne der so genannten goldenen Bankregel, nach der Du aus dem Zinsüberschuss Deine Kosten gedeckt haben solltest, war somit erfüllt. Deine sonstigen Einnahmen aus Gebühren und Provisionen kamen hierbei on Top und sicherten Dir Deine Zukunft. Du konntest also Rücklagenpolster für spätere Zeiten aufbauen.

Nun, 20 Jahre später, sieht diese Situation etwas anders aus. Zwar vergütest Du als Sparkasse Deinem Kunden keine Guthabenzinsen mehr (teilweise schon seit vielen Jahren), jedoch erhältst Du für Deine ausgegebenen Kredite auch nur noch etwa 1,5 % Zinsen. Diese Spanne ist also schon mal auf 50% geschrumpft. Ergo verringern sich durch die ausgelaufenen, höher verzinsten Darlehen Deiner Kunden, automatisch die betragsmäßige Höhe Deiner Zinseinnahmen. Ein Vorgang, den Du überhaupt nicht verhindern kannst, da die Zinsfestschreibungen dieser alten Verträge eben auslaufen. Du bist also aktuell vor allen Dingen danach bestrebt, Dein ausgegebenes Kreditvolumen zumindest zu halten. Ok, bei geringeren daraus resultierenden absoluten Einnahmen, aber da gibt es ja noch andere Optionen.

Es kommt also durch die ständig und stetig gesunkenen Zinsvorgaben seitens der Zentralbanken in den letzten Jahrzehnten zu immer tiefer sinkenden Zinsen bei z.B. Immobilienfinanzierungen.
Gleichzeitig führen die stetig den Märkten zugeführten Geldmengen seitens der Zentralbanken zu einem sinkenden Risikobewusstsein. Denn kaufst Du als Bank oder Sparkasse die Anleihe eines etwas instabileren Landes mit einem höheren Zinssatz, ergibt sich aus diesem eingegangenen Risiko ja kein wirkliches Problem. Denn, sollte ein, wie auch immer gelagertes Problem am Horizont auftauchen, so gibt's ja immer noch die Zentralbank, die das Problem löst, weil sie Dir, als Sparkasse, diese Anleihe denn in diesem Fall dann abkauft. Daraus ergibt sich denn beispielsweise solch eine absurde Situation, dass sich ein Land wie Griechenland als

Pleitekandidat erster Wahl (sorry), zwischenzeitlich zu Negativzinsen verschulden konnte. Der griechische Finanzminister erhielt also noch Zinsen dafür, dass er sich Gelder bei Anlegern geliehen hat. Irre? Durchaus.

Was tust also Du als Sparkasse und Bank, wenn Du noch nicht einmal für den Kauf einer griechischen Staatsanleihe Zinsen bekommst? Richtig, Du versuchst in Deinem Wirtschaftsgebiet Deine Zinseinnahmen auszuweiten.

Denn irgendwas musst Du ja auch wieder mit den Geldern tun, die Du für den Verkauf der, mit Potentialen behafteten Staatsanleihen Deines Portfolios an die Zentralbank eingenommen hast.

Und, richtig, Du folgst dem Wunsch Deiner Zentralbank und schaust, dass Du Dein ausgegebenes Kreditvolumen ausweitest. Du finanzierst also den Kauf eines Wirtschaftsgutes bei viel mehr Kreditnehmern, als Du es früher gedacht hattest, denn Du musst ja wiederum versuchen, den stetig sinkenden ZinsEinnahmenBetrag zu halten, bzw. sogar wieder zu erhöhen.

Klappt doch eigentlich nur noch über ein ständig steigendes Volumen. Oder nicht? Super ist natürlich, dass sich im Laufe der letzten Jahre und Jahrzehnte, die Kaufpreise von Wirtschaftsgütern auf wundersame Weise erhöht haben. Aktien wurden immer teurer und auch die Immobilienpreise stiegen in Deutschland sehr deutlich an. Wenn Du also als Bank oder Sparkasse etwas finanzierst und komischerweise der Preis des Wirtschaftsgutes gestiegen ist, kannst Du ja schon mal mehr finanzieren und dadurch höhere Einnahmen generieren. Oder Du gehst, wie beim Kauf der griechischen Staatsanleihen, auch bei Deinem Kunden vor Ort, immer höhere Risiken ein, damit Du mehr Zinsen bekommst. Irgendwie wird Dich ja wahrscheinlich auch hier Deine Zentralbank retten und unterstützen..... Achso, macht sie ja inzwischen auch schon. Denn es werden inzwischen nicht nur

Staatsanleihen durch Zentralbanken gekauft, sondern jetzt auch schon Unternehmensanleihen. Und auch hier wiederholt sich das Spiel wie bei Griechenland, so dass auch Unternehmen mit geringerer Bonität, immer weniger Zinsen für geliehenes Geld zahlen müssen. Denn die Zentralbank frägt inzwischen auch diese Anleihen nach.

Jetzt möchte ich das Thema auf die Bank und Sparkasse vor Ort herunterbrechen. Du finanzierst also auch durchaus mal risikoorientiertere Projekte, da Du Dir steigende Zinseinnahmen erhoffst und diese mangels Alternativen, wie beschrieben, auch dringend benötigst. Und das geht so weiter….Und weiter….Und weiter. Für immer? Ich glaube, wir kennen beide die Antwort. Leider.

Denn, wie immer in den letzten Jahrhunderten, wird irgendwann mal die Nachfrage ausbleiben. Solch abstruse Situationen wie, ich kaufe mir eine Immobilie und lasse sie, in der Hoffnung auf eine rasante Wertsteigerung, leer stehen, werden uns auf die Füße fallen.

Und dann verändert sich der aktuelle Nachfrageüberhang in Sachwerte sehr schnell, zumindest aus meiner Sicht, zu einer Angebotsflut mit den entsprechenden Auswirkungen auf die Preise. Denn irgendwie müssen ja die Zinsen, auch wenn sie niedrig sind, noch bezahlt werden. Und hier befinden wir uns, gerade in einer sehr fragilen Phase. Das Virus namens C, führte nämlich in Deutschland zu einem starken Anstieg der Arbeitslosenzahlen, sowie der Menschen in Kurzarbeit. Warum? Ja, die kleinen und mittelständischen Unternehmen gerieten durch Lockdown in massive Einnahmennöte. Diese waren aufgrund Geschäftsschließungen schlicht und ergreifend nicht mehr da. Lieferketten, auch für die Güter des täglichen Bedarfs, wurden unterbrochen und eben nichts mehr produziert. Vom deutlichen Nachfragerückgang durch die entstandenen Ängste der Kunden, sowie deren Kaufzurückhaltung mal abgesehen.

Also hast Du als Sparkassen und Bank jetzt auf einmal Schuldenmoratorien bei Deinen Privatkunden, im Bereich der privaten Anschaffungsdarlehen oder deren Wohnungsbaufinanzierung wegen Arbeitslosigkeit und Kurzarbeit, laufen. Und überraschenderweise auch bei Deinen gewerblichen Kunden wegen Absatzzusammenbrüchen. Immerhin kommt Dir zwar der deutsche Staat entgegen, indem er die Verpflichtung der Gewerbetreibenden und der Unternehmen zur Insolvenzanmeldung aussetzt.

Stimmt, in Deiner Gewinn- Und Verlustrechnung musst Du es bis dato ja auch nicht aufführen, ob Du kurz vor der Insolvenz stehst. Denn diese Verpflichtung zur Bildung von Abschreibungen, zumindest jedoch von Einzelwertberichtigungen auf diese Forderungen bei einem Zahlungsverzug größer 90 Tage, wurde einfach mal ausgesetzt. Und so kann das Spiel munter immer weiter und weiter gehen…. Wodurch auch immer der Stecker wieder gezogen werden könnte.

Ich habe nur so diese leise Furcht und Befürchtung dass, je weiter wir in Maßlosigkeit alle Volumina ausweiten, der Fall, der für mich unweigerlich kommen muss, für viele Menschen immer schmerzhafter werden könnte.

Natürlich möchte ich auf keinen Fall mal in Arbeitslosigkeit oder sonstigen Schwierigkeiten aufwachen und wünsche es niemandem. Ich habe nur auch keine Idee, wie lange dieses bedrucken von wertlosen Papierschnipseln mit Zahlen (Bargeld in Scheinen) weitergehen soll, wenn nichts Wirkliches und Reales mehr dahinter steht. Sondern nur noch wertlose, weil eben uneinbringbare Forderungen gegen wen auch immer stehen?

Den jungen Menschen in der Prüfung wünsche ich auf jeden Fall von Herzen, dass sie diese Prüfung bestehen. Also diese Prüfung, die ich gerade beaufsichtige und so wunderbar für mich nutzen kann. Und ich wünsche Ihnen auch, dass sie sich den, auch beruflichen, Möglichkeiten der Welt öffnen und möglichst viel auch außerhalb ihres derzeitigen Jobs wahrnehmen und in einem weiteren Schritt für sich nutzen.

Und ich wiederhole mich zwar mit meiner Einschätzung, dass eine Spezialisierung in einem Job zwar gewünscht und propagiert wird, Dich jedoch auch irgendwie ersetzbar und austauschbar macht. Sei es auf der einen Seite durch jüngere, vielleicht auch durch kostengünstigere Menschen, sicherlich jedoch durch die ständige Automatisierung ersetzbar durch Maschinen, bzw. Computer, zumindest jedoch was die Abwicklung von Standardvorgängen angeht, werden wir hier künftig einen starken Zug zur künstlichen Intelligenz sehen, die den Menschen immer unwichtiger werden lässt.

Auf jeden Fall wünsche ich diesen Menschen einen guten Umgang mit allem, was auf sie zugekommen ist und künftig auf sie zukommen wird. Und dass sie hierbei eine offene Wahrnehmung des Hier und Jetzt aus dem Herzen heraus haben.

Wie könntest Du denn Deine Mitmenschen für Deinen Job begeistern? Möchtest Du es überhaupt tun?

Wie kannst Du Menschen für Deine Berufung begeistern?

Welche Perspektiven siehst Du in Deinem Job für die nachwachsenden Generationen?

Inwieweit hat sich die Branche, in der Du tätig bist, in den Jahren Deiner Tätigkeit entwickelt? Welche Perspektiven und Veränderungen siehst Du?

Würdest Du Deinem Kind-ich, angenommen, Du könntest in Deine Vergangenheit zurückreisen, die Wahl dieses Berufes empfehlen? Welche Alternativen würdest Du ihm empfehlen? Was würdest Du damals anders gemacht haben wollen?

Wie lange möchtest Du über Deine damalige Wahl noch heulen? Wann machst Du es endlich anders?

Kapitel 16 Mein eigener Umgang

Nachdem ich mich ja wegen des Schreibens dieser Zeilen zu einer Wette habe hinreißen lassen, könnte ich jetzt mal bei meiner Wettpartnerin nachfragen, wie weit sie denn mit dem Schreiben ihres Buches vorangekommen ist.

Wir hatten, im Sinne eines gegenseitigen Anspornens gewettet, wer denn bis 30.09.2020 als erster fertig wäre. Nun, wir schreiben heute den 05.10.2020 und ich habe mein Ziel der Fertigstellung zum 30.09.2020 nicht erreicht, sondern bin gerade bei etwas mehr als der Hälfte der geplanten Seitenanzahl angelangt. Während ich nun also in meiner entspannten Prüfungsaufsicht sitze, fühle ich jetzt mal so in mich hinein, wie denn dieses „Versagen" so auf mich wirkt.

Es gab einige Forderungen an mich, ich solle mich doch bitte mit der Fertigstellung von Buch 2 beeilen. Da stand für mich denn auch besagte Wette im Raum, jedoch kam es eben nicht zum besagten Termin des 30.09.2020. Fast, aber wirklich nur fast, war ich eben gewillt, mich in irgendeiner Form zu rechtfertigen. Ja, aufgrund des Virus namens C, aufgrund meiner Fahrerei zu meinem Schatz, bin ich halt eben einfach nicht dazu gekommen…. Und so weiter und so weiter. Schlussendlich, wenn überhaupt, bin ich jedoch nur einer einzigen Person eine Rechtfertigung schuldig. Also weder Dir gegenüber, noch den Interessenten nach dem Lesen meines 1. Buches, oder wem auch immer. Denn ich hatte diese Vereinbarung mit mir getroffen.

Ok, die Wette habe ich vielleicht scheinbar verloren, aber ich glaube, dass ich das gut bis sehr gut verschmerzen kann. Ich stehe lediglich in der Verantwortung mir selbst gegenüber, ob ich Zeitlimits einhalte, oder eben nicht. Denn ich konnte in der Zwischenzeit so viele weitere Meilensteine für mich und meine Zukunft erreichen, dass mich solche Zeitlimits nicht mehr wirklich unter (selbstgemachten) Druck setzen und mir eben auch nicht mehr wirklich wichtig sind. Gerade wenn ich mich trotzdem meinem Ziel, der angesprochenen Fertigstellung, in veritablen Schritten nähere und ich vor allen Dingen die guten und die schönen Seiten des gegenwärtigen Lebens und Entwickelns im Auge behalten und darüber hinaus auch genießen kann. Und gerade diese Überlegungen führen mir sehr deutlich besagte schönen Seiten meines Lebens vor Augen und lassen darüber hinaus mein Herz erblühen und fühlen.

Es gibt eben wirklich und definitiv viele Wege, die nach Rom führen. Viele unterschiedliche Wege, die es zu entdecken, zu gehen und zu befahren gilt, die es vielleicht auch jeweils unterschiedlich zu nutzen gilt.

Nur es ist eben nicht nur der eine und einzige Weg, der mich, wie jeden anderen Menschen auch, nach Rom führt. Es gibt viele Wege, die jeden Menschen zu seinen individuellen Zielen führen können. Und es geht vielleicht sogar nur darum, diese Wege einfach zu gehen, zu fahren oder was auch immer. Vielleicht sind ja auch die Wege das Ziel und nicht nur die Ziele selbst?

Aber das ist noch ein anderes Kapitel wert.

In welches Deiner persönlichen Ziele hast Du Dich so sehr verbissen, dass Dir gar nicht aufgefallen ist, welche Schönheiten Du am Wegesrand verpasst hast?

Geht es Dir bei der Zielerreichung ums Prinzip? Oder könnten sich zwischenzeitlich sogar neue, andere, veritable Ziele für Dich aufgezeigt haben, welche Du aber nicht wahrgenommen hast? Oder erst später?

Welche körperlichen Auswirkungen verspürst du aufgrund dieses enormen Kraftaufwandes, jeden Tag nur auf dieses eine Ziele hin zu arbeiten?

Welche Auswirkungen auf Deine Lebensqualität verspürst Du? Könnte es Dir vielleicht leichter fallen, wenn Du ein zusätzliches Ziel als Alternative mit hin zu nimmst?

Würde dies eventuell mehr Genuss und so mehr Lebensqualität beinhalten, wenn Du den Weg und vielleicht die verschiedenen möglichen alternativen Wege endlich wahrnimmst? Mehr in Deiner Gegenwart bist und, nach erfolgter Zielformulierung dies einfach mal ans Universum abgibst und Du stattdessen auf die Geschenke der Gegenwart achtest, die Du ansonsten verpassen würdest?

Kapitel 17 Chancen Denker und Grenzen-Durchbrecher

Ich weiß ja nicht, wie es Dir damit geht, aber manchmal, wenn mir jemand etwas nettes über mich sagt oder mich mit Begriffen neu beschreibt, lese ich diese zwar und nehme sie wahr. Aber ich verstehe nicht, was mir der Mensch damit sagen möchte und wen er damit wirklich meint. Ja, auch wenn er mich persönlich anschreibt. Ich lese also solche Begriffe mehrfach, mehrfach eben über mich und muss dieses Lesen mehrfach wiederholen, da es einfach nicht in mir, meinem Herzen und meinen Gefühlen ankommt.
Ähnlich geht es mir ab und an auch, wenn ich in einem Buch etwas lese, was eben wirklich zu 100 % auf mich passend scheint. Ich lese also diese Passage wieder und wieder und noch einmal und ich verstehe sie einfach nicht, bzw. könnte den Inhalt dieser Zeilen, auch wenn ich sie gerade gelesen habe, nicht wiedergeben. Natürlich verstehe ich in diesem Moment den Zusammenhang dieses Textes und wäre kognitiv in der Lage, diesen wieder zu geben. Nur emotional fliegt mir dieser Text, oder dieses Wort, in diesem Moment um die Ohren.

Was passiert also just in solch einem Moment in einem Menschen, bzw. was geschieht in diesem Moment in mir.

Nachdem ich vor einigen Monaten ein Mentoring für meine Positionierung am Trainer- und ConsultingMarkt bei meinem langjährigen Trainer und Mentoren, Matthias Weber, abgeschlossen habe, erhielt ich von diesem eine Einladung zur Übergabe eines Awards an mich. Eines ExpertenAwards mit einer wunderschönen Statuette und mein inneres Kind freute sich natürlich wie Bolle darüber.
In dieser Einladung titulierte mich Matthias jedoch zusätzlich noch als Chancen-Denker und Grenzen-Durchbrecher....

Und was glaubst Du, wie oft ich in der Zwischenzeit diese Worte habe lesen müssen, um sie überhaupt wahrzunehmen? Wie oft ich sie habe lesen müssen, weil ich sie sofort wieder vergessen hatte. Wie oft ich sie habe lesen müssen, weil diese Worte einfach nicht an mein Innerstes vorgedrungen sind? Wie oft ich diese Worte habe lesen müssen, um sie in irgendeinen Kontext zu mir zu setzen, bzw. in eine Verbindung mit mir zu bringen? Unzählige Male.

Nun, auf der einen Seite ist es möglich, dass Worte, Ausdruckweisen oder ähnliches, bei Dir weniger gute Erfahrungen aus der Vergangenheit antriggern und Du mit diesen nicht zurecht kommst.
Darüber hinaus, können solche Dinge eben einfach auch komplett, wie bei mir, mit Wahrnehmungsfiltern überdeckt werden, so dass Du Worte, die Dich in irgendeiner Form berühren würden, und zwar meist positiv berühren könnten, eben nicht wahrnimmst. Du bringst sie nicht wirklich mit Dir selbst in Verbindung. Im Sinne von: der kann ja gar nicht mich damit gemeint haben.
Erst mal also überhaupt im Sinne einer positiven Ansprache. Und im Weiteren dann auch noch in der persönlichen Anrede. Hierbei ziehen also unsere inneren Wahrnehmungsfilter viele Register ihres Könnens und lassen Dich, wie im beschriebenen Falle bei mir, solche Worte eben überlesen, nicht wahrnehmen, bzw. auch nach dem x-ten Mal lesen, einfach nicht für Dich selbst annehmen.
Sollte Dir also diese Beschreibung bekannt vorkommen, so ist keinesfalls schlimm. Lies es eben öfter und solange, bis diese, positiv an Dich persönlich gerichteten Worte, nicht nur in Deinem Gehirn ankommen, sondern eben darüber hinaus zusätzlich Dein Herz berühren. Denn es sind eben meist Worte, die ein Mensch an Dich persönlich richtet, weil er Dich

schätzt und sich, im emotionalen Kontakt mit Dir, Gedanken über Dich gemacht hat.

Aus meiner Sicht ein sehr hohes Maß an Wertschätzung, welches in unserer heutigen, leider immer schnelllebigeren und immer unpersönlicheren Zeit, immer seltener wird.

Nachdem ich also diese Worte meines langjährigen Mentoren Matthias Weber also endlich fühlen könnte, ergab sich sinnigerweise einige Tage später die nächste Begebenheit, zu der ich neue, sehr positive Worte über mich hörte. Und diesmal sogar aus einer Richtung im Hause meines Arbeitgebers, aus der ich es nicht mehr erwartet hatte. Zur Berufung in einen bundesweiten Ausschuss erhielt ich tolle und durchaus sehr motivierende Worte über mich zugetragen. Diese Worte bestätigten mich nicht nur, meinen Weg bei meinem Arbeitgeber so, wie bisher auch, weiterzugehen. Darüber hinaus manifestierte sich auch bei mir auch mein Wille, außerhalb meines Jobs meinem Herzen zu folgen und möglichst viele Menschen etwas näher zu bringen.

Einmal näher zu sich selbst und dadurch und darüber hinaus in den Kontakt mit anderen Menschen, deren Bestreben es gleichfalls ist, in ihrer Persönlichkeit zu wachsen. Sich von altem Ballast aus beispielsweise ihren Familiensystemen zu lösen und mit einem größeren Selbstbewusstsein durch ihr Leben zu gehen. Statt Selbstzweifel und dem Wunsch nach Aufmerksamkeit und Anerkennung aus dem Außen, mit Freude durchs Leben und in den Kontakt zu anderen Menschen zu gehen.

Und zur Steigerung meines Wohlbefindens trugen zusätzliche Worte meines alten und neuen Chefs bei, welcher mir eröffnete, mich doch noch auf die ein oder andere Stelle intern zu bewerben. Wobei er mich auch im gleichen Atemzug auf meinem derzeitigen Platz, hier jedoch bei gleichbleibender, statt sonst sogar sinkender Vergütung bis zu meinem Renteneintritt auch sehen würde.

Eine Perspektive, welche mir einerseits den Stress aus meinem inneren Bestreben nach einem Aufstieg in der Hierarchie unseres Betriebes deutlich abnahm. Denn natürlich hegte ich auch immer noch dem Streben nach Prestige nach, welches mein Ego natürlich streicheln würde. Ich stellte mir jedoch während dieses Gespräches die Frage, welchen körperlichen, seelischen und emotionalen Preis ich für diesen scheinbaren Aufstieg in einer Branche zahlen müsste, die sich durch fortschreitende Technologisierung im wahrsten Sinne des Wortes selbst abgeschafft hat und immer weiter abschaffen wird.

Ich werde also künftig auch weiterhin auf meinem derzeitigen Platz mein möglichstes Tun, um zum Wohle aller Beteiligten meinen Job zu erledigen. Und darüber hinaus den Aufbau meines eigenen Unternehmen in meiner Herzensangelegenheit vorantreiben. Denn ich liebe es, tiefsitzende Blockaden bei Menschen zu lösen und diese frisch motiviert und ein Stückchen selbstreflektierter auf deren Weg ein Stück zu begleiten.

Und ja, ich schaffe beides. Durch ein gewisses Maß an eigener Erfahrung und der Lösung vieler meiner eigenen Blockaden und Hemmnisse weiß ich, dass ein sehr großes Maß an Chancendenken und eben dem Durchbrechen meiner eigenen Grenzen in mir steckt.

Und darüber hinaus auch noch die Entdeckung und Ausweitung meiner Umsetzungskompetenz….. nicht auszudenken, was da noch so alles möglich ist, wenn ich hier die Katze endlich mal aus dem Sack lasse.

Welche positiven Aussagen über Dich, gestehen Dir Deine Wahrnehmungsfilter nicht zu?

Wie hoch ist der jeweilige Anteil? Der Anteil an negativen Aussagen über Dich, die Du wahrnimmst? Und stetig wiederholst? Dir automatisiert regelmäßig, in einer Art Dauerschleife, selbst vorsagst?

Und wie hoch ist der Anteil der positiven und motivierenden Aussagen, die Du über Dich selbst wahrnimmst? Und öfters hören müsstest, um sie wirklich und wahrhaftig zu fühlen?

Was kam Dir aus dieser Beschreibung bekannt vor? Und was möchtest Du für Dich als nächstes tun?

Kapitel 18 Fokus

Es ist der Abend des 12.10.2020. 22.16 Uhr Abends. Nachdem ich in der letzten Nacht nicht besonders gut geschlafen habe, reflektiere ich gerade die vergangenen Tage und Wochen unter verschiedenen Aspekten. Irgendwie habe ich jetzt gerade so das Empfinden, dass ich meinen Fokus auf meine Herzensangelegenheiten etwas verloren habe. Ich tüddel mal wieder etwas ziellos in den letzten Tagen so vor mich hin und bekomme es gerade noch irgendwie auf die Reihe, kleine Stellschrauben in Richtung meiner Visionen in die Umsetzung zu bringen. Aktuell scheint mein Fokus auf Aufrechterhaltung meiner privaten Systeme zu liegen, damit ich die täglich anstehenden Aufgaben gewuppt bekomme. Ich wirke gerade intensiv in meinem Job. Und wohl zu sehr im Job, statt meiner Berufung zu folgen.

Wie ich, als aufmerksamer Zuhörer in einem meiner unzähligen Seminarteilnahmen, erfahren habe, könnte ich mir ja mal Gedanken darüber machen, warum ich mich also länger als 15 Sekunden genau darüber aufrege?

Und was es mit mir zu tun hat, wenn ich mich länger als besagte 15 Sekunden über meinen gerade optimierungswürdig ausgerichteten Fokus aufrege.

Ok, und ich vermute schon mal eine Lösungsrichtung. Inzwischen habe ich ja durchaus Spaß und Freude daran entwickelt, in die Präsenz und die Sichtbarkeit zu gehen.

Ich habe entdeckt, wie sehr die Wissensvermittlung an interessierte Menschen mein Herz mit Freude erfüllt.

Gerade vor 2 Tagen habe ich ein richtig gut gelungenes Webinar zum Thema Geldanlagen abgehalten. Hierbei durfte ich 12, mir unbekannte Teilnehmerinnen, allesamt Stipendiatinnen der Konrad-Adenauer-Stiftung coachen und Ihnen entsprechendes Wissen zu möglichen Geldanlagen vermitteln..

Ok, sie konnten mich nur nicht wirklich, außer eines Standbildes von mir, sehen. Ich konnte sie leider auch nicht sehen, da sich mir mal wieder meine EDV technischen Potentiale deutlich zeigten. Ich habe es nicht wirklich hinbekommen. Die Inhalte meiner Präsentation, sowie meine Erklärungen auf der Tonspur, haben zwar ihr übriges getan und das Webinar hat einige der Teilnehmerinnen in den näheren Kontakt untereinander und in die Umsetzung zu den von mir vorgestellten Strategien gebracht. Ergo, ein Erfolg für mich. Der nächste in meiner Herzensangelegenheit.

Wie ich weiter vorangegangen bin? Nun habe ich darüber hinaus in den vergangenen Tagen eine Seminarkonzeption auf die Beine gestellt, um in den nächsten Wochen an einem ganzen Samstag, mit interessierten Menschen, an sich selbst und ihren inneren Kindern zu arbeiten. Also ist hiermit auch schon mal die Grundvoraussetzung für das Abhalten eines weiteren Seminars gegeben. Fehlen nur noch die Örtlichkeit (wobei meiner Erinnerung an den Anbieter, doch bitte meine Buchungsanfrage zu beantworten, vor wenigen Minuten von mir versandt wurde), sowie die Schaltung und Veröffentlichung meiner Werbung für diese spannende und informative Veranstaltung. Also alles ganz einfach…..
Wenn Du selbst nun endlich den wirklichen Fokus auf die Umsetzung Deines Zieles und Deiner Vision legst. Wenn Du, also ich, endlich aufhörst, Deine Zeit mit der Umsetzung von Vorgaben Dritter weniger optimal für Deine, also meine Herzensangelegenheit einzusetzen. Die Quintessenz meiner vergangenen Überlegungen in den letzten 35 Minuten, in denen ich auch genau diese Zeilen formuliere und tippe ist also folgende: meine Entscheidung, die ich ja schon längst getroffen habe, doch und verdammich nochmal, auch endlich umzusetzen. Ja sicher geht es in meinem Bestreben auch weiterhin um die sozialversicherungspflichtige Ausführung

meines Jobs. Vor allen Dingen geht es jedoch darum, mich darüber hinaus für in einem sinnstiftenden Umfeld für die Belange der Menschen einzusetzen, die wirklich und mit Freude mit mir arbeiten möchten, um von den von mir gesetzten Impuls zu profitieren. Im Sinne ihrer eigenen Chancen. Und im Sinne der Ausweitung ihrer eigenen Grenzen und ihrer individuellen Komfortzonen.

Achso, könnte ja irgendwie auch für mich gelten. Immerhin kann ich jetzt gerade endlich meinen inneren Gefühlszustand deutlich positiver, als noch vor wenigen Stunden, beschreiben. Es fühlt sich für mich gerade sehr gut an, dass ich einmal das Erreichen meines Zwischenziels für den heutigen Tag im Kontext Niederschrift meines Buches geschafft habe.

Und dass ich mir der mehr als notwendigen Formulierung und Aussprache meines Ist-Zustandes bewusst wurde. Hey, gerade fühlt es sich doof, bzw. unrund an. Was ist gerade los und was möchten mir die äußeren Umstände, die ich mal wieder für meine Misere verantwortlich gemacht hatte, damit sagen? Und wie bekomme ich die sogenannte gute Lösung für mich selbst hin? Nämlich die des guten und bewussten Umgangs mit der täglichen Ausführung meines Jobs, der mir immer noch den Lebensunterhalt finanziert, mich jedoch möglichst gering in der Ausführung meines Herzensbusiness blockieren soll.

Nun gut, wie eben beschrieben, geht es also zum Ersten um die Bewusstwerdung, dass gerade etwas suboptimal in meinem Leben läuft.

An zweiter Stelle ist, zumindest aus meiner Sicht, die Formulierung, also das Aussprechen des Problems/ des Themas von Bedeutung. Bitte nicht im Sinne einer Problemtrance, in der Du ewig um des Pudels Kern herumweinst, sondern dezidiert und auf den Punkt gebracht, formulierst, wie es Dir gerade geht.

Punkt 3 ist die Frage, nicht nach einem externen Schuldigen an der/ Deiner derzeitigen Misere zu suchen, sondern danach welchen Anteil Du selbst an Deinem dauerhaften Problemformulieren hast. Was Dir das scheinbare Problem also sagen, mitteilen möchte, um hiernach endlich in die Findung und Umsetzung der guten Lösung zu gehen. Dich für diese gute Lösung, die sich für Dich gut anfühlt, auch zu entscheiden. Und, zu guter Letzt, endlich umzusetzen. Umzusetzen, Umzusetzen.

Klingt einfach? Ist es nicht? Oder vielleicht doch? Ich, für meine Stelle, kann jedoch mit einem deutlich besseren empfinden schlafen gehen und morgen früh wieder ins Büro zu meinem Job fahren. Denn ich habe mich entschieden, wieder mehr mit Menschen in Kontakt zu gehen, um sie bei ihrem Chancendenken und der Umsetzung zu unterstützen. Nachdem wir gemeinsam ihre uralten Blockaden haben lösen können.

Und dieser Fokus auf meine Herzensangelegenheit macht mal wieder so vieles so viel leichter. Der Fokus auf emotionalem Kontakt mit meinen Mitmenschen und Kunden, mit Interessenten an meiner Arbeit und eben meinen Klienten. Denn ein Fokus auf das was Du liebst und mit dem Du wirklich auch authentisch vertraut und verbunden bist, ist eben auch enorm wichtig für den Verkauf. Den Verkauf von Dingen und Dienstleistungen, die Dir wirklich wichtig sind und die Dir am Herzen liegen. Grundvoraussetzung ist eben einmal der gute Kontakt zu Dir selbst, in eben Deinem Herzen und somit auch zu Deinem Gegenüber.

Denn es geht doch um den wahren Kontakt aus dem Herzen heraus. Um Emotionalität. Und um Authentizität, auch wenn Du, innerhalb Deines Jobs, etwas verkaufen darfst, womit Du vielleicht nicht immer zu 100% glücklich bist. Denn in Wahrheit sind wir doch auch alle zu jeder Zeit im Verkauf tätig. Was tust Du denn, wenn Du Dich mit Deiner potentiellen neuen Partnerin/ Deinem potentiellen neuen Partner triffst? Du zeigst Dich von Deiner bestmöglichen Seite und verkaufst.... Dich.

Im Bewerbungsgespräch verkaufst Du Dich und Deine Leistungsfähigkeit. Du versuchst in einem guten Kontakt zu Deinem Gegenüber Dich so darzustellen, dass der Interessent an Dir nur eines tun kann. Sich Dich zu sichern. Du legst also in diesem Moment, wenn Du diese Option, die sich Dir gerade bietet, Deinen Fokus in höchster Emotionalität auf Dich, die Wünsche Deines Gegenüber und an Dich, um diese bestmöglich zu erfüllen. Einer Verbindung eben von Herz zu Herz. Sei es für eine temporäre Zusammenarbeit oder vielleicht den Bund fürs Leben. Je nach Bedarf.

Und daher möchte ich Dich dazu einladen, für Dich genau den Bereich zu finden, der Deinen Job zu Deinem Beruf und Deiner Berufung macht. Um hierauf Deinen Fokus zu richten und um hier in der bestmöglichen Verbindung von Deinem Herzen zum Herzen Deines Gegenüber, die beste Lösung für euch beide herauszuarbeiten und diese umzusetzen.

Wenn Du Deinen emotionalen Fokus auf etwas legst, besteht dabei ein Qualitätsunterschied, wenn Du einmal nur simpel über mögliche Zielerreichungen nachdenkst? Oder wenn Du aus Deinem Herzen heraus, weil Du von etwas zu 100 % überzeugt bist, weil es Dir geholfen hat, dieses Produkt und diese Dienstleistung, Deinem Kunden empfiehlst? Im diese sprichwörtlich ans Herz legst?

Was hast Du Dir als letztes aus tiefstem Herzen von jemandem gewünscht? Welche Zusage? Welches Produkt? Welchen persönlichen Erfolg?

Und hast Du dies dann erreicht? Hat Dich das glücklich gemacht? Glücklicher als nur ein einfaches rationales Tun, um des Tuns willen?

Was könnte Dir künftig dabei helfen, mehr mit dem Herzen dabei zu sein, wenn Du an die Erfüllung Deiner Ziele und Visionen denkst? Diese umsetzt?

Schreib es Dir auf, damit Du es später mehrfach für Dich nutzen kannst.

Kapitel 19 Kindliche Leichtigkeit und Freude

Da schaue ich mir also eines Morgens einen kurzen Videoclip an, den mir mein Schatz von unserer gemeinsamen Nichte geschickt hat.

Ja, irgendwie ist sie ja schon auch meine Nichte, die gerade heute, am 14.10.2020 ihren ersten Geburtstag feiert.

Und da sehe ich das Video von ihr, wie sie eine Geburtstagskarte öffnet und mit großem Erstaunen ein Geburtstagslied hört und sich gleich darauf wie eine Schneeprinzessin freut. „Wie schön, dass Du geboren bist…".

Ein Geburtstagslied mit völlig blechernem Ton und die Kleine freut sich riesig darüber und fängt mit strahlendem Grinsen und Lachen an, mit zu schunkeln. Und ja, ich darf Dir gestehen, dass ich beim Anblick dieses kleinen Wesens, welches sich so sehr über diese Kleinigkeit gefreut hat, doch die mehr als eine Freudenträne im Auge hatte.

Ja, unsereins in seinem fortgeschrittenen Alter wird sich vielleicht denken, dass es sich ja eigentlich nur um ein qualitativ schlechteres Stück Musik aus der Dose handelt. Jedoch war es in genau diesem Moment genau das richtige Geschenk, um die kleine Prinzessin zum Lachen und Strahlen zu bringen. Sie war in diesem Moment in der Freude, sie war im Hier und Jetzt und hat sich weniger Gedanken darüber gemacht, wie schief sie beispielsweise letztes Wochenende vom Nachbarn angesehen wurde. Sie war nicht in Gedanken darüber, was sie sagen muss, um von ihrem Chef endlich die ersehnte Gehaltserhöhung zu bekommen, geschweige denn, was es zum Abendessen gibt, wenn sie nach Hause kommt und niemand dort auf sie wartet.

Ja, ich könnte mich jetzt noch in vielen weiteren Gedanken verweilen, die alle irgendwo im Sinne von, was bekomme ich sonst noch an Geschenken, ruft mich der oder die Freund/

Freundin auch an, um mir zu gratulieren und so weiter und so weiter, gelagert sind.

Möchte ich in diesem Falle jedoch nicht tun, denn ich bin mir sehr sicher, dass Du genau diese Gedanken kennst und schon so oft in Deinem Leben so oder so ähnlich selbst gedacht hast.

Was ich Dir stattdessen sagen möchte, bzw. wozu ich Dich anstelle dessen einladen möchte, ist folgendes:
Wenn Du die Gelegenheit bekommst, mit einem einjährigen Kind spielen zu können und es aufwachsen sehen zu dürfen, dann nimm das Strahlen des Kindes wahr. Gehe mit dem Kind in den Kontakt und schaue, was das Kind in diesem Moment gerne möchte. Möchte es Deine Brille berühren, dann darf es das Kind doch gerne. Denn es ist ja nur ein Gegenstand, auf den das Kind vielleicht jetzt gerade neugierig ist, um ihn zu entdecken und zu erforschen. Und ja, mit dem Kind zu spielen und sich gegenseitig einfach nur einen Plastikball hin und herzuschieben und dabei das Lachen zu hören und das Kind strahlen zu sehen, ist doch einfach etwas Wunderschönes. Denn das Kind ist, wie ich es ja schon mal kurz erwähnt hatte, einfach im Hier und Jetzt. Es macht sich auch keine Gedanken darüber, was denn die weiteren Personen im Zimmer über sie denken könnten. Es möchte einfach nur spielen, fühlen und lachen und im Kontakt sein. Herrlich, einfach das zu sehen und mitspielen zu dürfen. Denn, ich gebe zu, es macht mir selbst auch einfach Spaß, wieder mehr Kind zu sein. Und ja, mit der Kleinen zu spielen und im Kontakt mit ihr einfach meine eigenen Sorgen und Nöte auf die Seite zu legen, ist aus meiner Sicht ein sehr effektives Instrument eigenen Spaß zu haben, zu empfinden und zu lachen. Ok, solange das Baby gerade keinen Hunger hat und wieder zur Mama möchte;-). Aber das ist nochmal ein anderes Thema.
Ich fuhr also an diesem Mittwoch zur Geburtstagsfeier der kleinen Prinzessin und muss sagen, es war einfach

wunderschön, auch nach einem langen Mittag voller Eindrücke für die Kleine, das Kind immer noch im Strahlen und Lächeln zu sehen. Einfach weil sie natürlich richtig viel Geschenke bekam und vielleicht auch, weil sie die ganze Zeit im Mittelpunkt saß und die Aufmerksamkeit bekommen hat.

Was ich für mich also aus diesem Tag und diesem Erlebnis heraus lerne? Ebenso auch aus meinen bisherigen Erfahrungen und Erkenntnissen im Kontakt mit meinem eigenen inneren Kind?

Nun, ich entscheide mich dafür, wenn ich Lust habe, meinem inneren Kind ein Stofftier zu schenken und dass ich dies mal wieder öfter tue. Wenn ich etwas Lustiges sehe und höre, was mich selbst innerlich berührt, lache ich und weine ich.

Ich drücke also immer mehr und zu jeder möglichen Gelegenheit, meine Gefühle aus. Wenn ich Lust auf Dinge aus meiner Kindheit habe, dann schenke ich sie mir und meinen inneren Kindern.

Beispielsweise fuhr ich vor einigen Jahren mit einem Sightseeing Bus auf Malta herum. Und ja, ich hatte damals sehr große Lust auf eine Packung Smarties und eine Flasche Seven UP. Dinge, die es früher eben manchmal bei Oma gab. Und ja, als ich mit Smarties im Mund weiter fuhr und die Sonne genoss, war ich in dem besagten, bewussten guten Kontakt mit meinen inneren Kindern.

Ob das jetzt nun an den Kindheitserinnerungen durch das Geschmackerlebnis lag, oder ich einfach nur mal wieder Lust auf etwas zu essen hatte, weiß ich rückblickend jetzt auch nicht mehr wirklich zu beurteilen. Es war nur eben in diesem Moment das, was mein Herz berührt hatte. Ich wurde somit durch ganz einfache Mittel und Wege zu meinem eigenen Wünscheerfüller.

Einfach mal angenommen, Du fühlst Dich also zu einem Zeitpunkt insgesamt unwohl, vielleicht sogar etwas fehl am Platze, an dem Du Dich gerade befindest. Und einfach auch mal angenommen, Du fühlst Dich irgendwie viel kleiner und jünger, als Du, gemäß Geburtsdatum Deines Personalausweises wirklich bist. Und das zum Beispiel aufgrund eines sehr positiven und inspirierenden Telefonates an Deinem Arbeitsplatz. Die Sonne scheint vor Deinem geöffneten Bürofenster und kitzelt Dich an Deiner Nase. Im Radio läuft Dein Lieblingssong und Du würdest in diesem Moment einfach nur gerne laut und lustig drauf los singen und tanzen. Mit kindlicher Freude und Leichtigkeit, die Welt umarmend, im Büro lustig zwischen den Schreibtischen tanzen und vielleicht etwas malen..... Achja, richtig. Du sitzt ja gerade bei der Arbeit im Büro und hast, Gott bewahre, eine richtig gute Laune und Fröhlichkeit, bist also gerade im Hier und Jetzt, in Deinem Kind-ich. Und sitzt dabei eigentlich im Büro, am Schreibtisch, auf dem sich die Akten stapeln und bist somit Sekundenmomente später, nachdem Du Dir Deiner Realität bewusst wurdest, im Erwachsenen-ich, weil Du ja arbeitest, um regelmäßig Geld nach Hause zu bringen und um Dich und Deine Familie zu ernähren.

Schwierig und schwer zu verstehen, geschweige denn innerlich wahrzunehmen und darüber hinaus gewinnbringend damit umzugehen? Richtig. Und ich versuche es jetzt einfach mal, diesen Vorgang bestmöglich und mit meinen eigenen Worten zu beschreiben und Dir zu verdeutlichen, was da so geschieht und wie Du es vielleicht optimaler für Dich nutzen kannst.

Die Transktionsanalyse, begründet durch den amerikanischen Psychologen Eric Berne, versucht, es Menschen zu ermöglichen, ihre eigene Wahrnehmung zu reflektieren, zu ergründen und gegebenenfalls zu verändern.

Und dies hauptsächlich in Bezug auf die 3 Ich Ebenen. Dem Eltern – ich, dem Erwachsenen – ich und dem Kind – ich. Diese Ich - Ebenen, in denen sich viele Menschen, oftmals gänzlich unbewusst, bewegen, haben mir einiges, insbesondere zu meinen eigenen Verhaltensweisen in meiner Vergangenheit, verdeutlicht. Ebenso wurden mir einige Verhaltensmuster von Menschen aus meinem Umfeld hierdurch deutlich klarer.

Gerne möchte ich Dir dies anhand einiger Beispiele verdeutlichen.

Nimm doch einfach mal eine Führungskraft mittleren Alters, also so etwa Mitte 40, mit einer Sekretärin im etwas höheren Alter als besagte Führungskraft, hier einfach mal um die 60 Jahre alt. Und nun stell Dir doch mal den Alltag dieses Kontaktes vor, indem die Sekretärin ihrem Chef jeden Morgen den Tee kocht, genau über dessen Gewohnheiten informiert ist und diese liebevoll, wie eine Mutter für ihren Sohn, erfüllt und ihm gleichfalls noch die morgendlichen Frühstücksschnittchen schmiert. Die Führungskraft nimmt dies hin, z.B. auch in Meetings, in denen die Sekretärin ihren Chef bemuttert (im Eltern-ich) und es dieser widerspruchslos, bzw. leicht genervt, in Gegenwart anderer im Besonderen, hinnimmt. Oder eigentlich jugendlich genervt (im Kind – Ich)mit den Augen rollend, dies über sich ergehen lässt .

Noch heute weist mich beispielsweise meine Mutter darauf hin, ich möge doch jeden Bissen 32 mal kauen. Sie, im Eltern - Ich mit ihren 83 Jahren und ich mit meinen 48 Jahren im Kind -Ich, der demonstrativ hierauf den Bissen schnellstmöglich runterschluckt. Wir bewegen uns also beide in den weniger passenden Ebenen, statt uns im Erwachsenen -Ich über das Thema Ernährung und dessen Genuss, bzw. die

Nahrungsaufnahme unter beispielsweise gesundheitlichen und ernährungsphysiologischen Aspekten zu besprechen. Oftmals befinde ich mich, angenommen, ich werde auf einen Fehler in der Umsetzung einer Aufgabe angesprochen, deutlich im Kind - Ich. Ebenso, wenn ich eine Aufgabe erhalte, auf die ich keine Lust habe, bzw. deren Sinne ich weder sehe, noch einsehe. Und glaube mir, ich kann da richtig bockig und im Widerstand sein, wenn ich mich mittlerweile gegen solche Dinge wehre, statt im Erwachsenen - ich meinen Standpunkt zu artikulieren.

Vielleicht kommen Dir, anhand dieser Beispiele, einige Dinge aus Deiner Beobachtung Deiner selbst, bekannt vor.

Ich möchte Dir daran verdeutlichen, wie Dir manchmal Dein Unterbewusstsein aufgrund tiefsitzender, bisher nicht befriedigter Wünsche und Bedürfnisse, Streiche spielen kann.

Wichtig ist mir zum einen, Dir diese möglichen Ich - Ebenen zu benennen und ins Bewusstsein zu bringen. Eben, dass Du zumindest mal davon gehört hast und Du somit auch eher wahrnehmen kannst, wenn Du Dich in einer anderen Ich - Ebene befindest und Du selbst bemerkst, dass im Moment der Kommunikation und Interaktion mit einem Mitmenschen, sich dieser Kontakt etwas schräg und unpassend für Dich anfühlt.

Sei es, wenn Du Dich selbst im passenden und der Situation angemessenen Erwachsenen – Ich befindest, Dein Kommunikationspartner jedoch, zB. aufgrund einer von Dir geäußerten, scheinbar kritischen Rückmeldung, in dessen Kind – Ich rutscht. Sich dieser also in kindlicher Energie, mit in diesem Fall höher und spitzer Stimme gegen diese Rückmeldung zur Wehr setzt. Oder beispielsweise mit den Füßen stampft. Insgesamt also ein Kontakt, der irgendwie Dir, aufgrund der Unangemessenheit auf die Nerven geht, jedoch auch Deinen Gesprächspartner, meist im Nachhinein, innerlich belastet.

Wichtig ist mir also, dass Du ein tieferes Bewusstsein für die Wahrnehmung Deines eigenen Zustandes erreichst, sowie des Zustandes Deines Gesprächspartners, um in diesen Momenten der Klarheit, das bestmögliche Ergebnis für beide Gesprächspartner zu erreichen.

Wunderst Du Dich manchmal auch über die ein oder andere, in diesem Moment merkwürdige Verhaltensweise, sei es von anderen oder von Dir selbst?

Fühlst Du Dich manchmal, im Kontakt mit anderen Menschen, jünger, als Du wirklich bist?

Fühlst Du Dich manchmal, im Kontakt mit anderen Menschen, älter, als Du wirklich bist?

Wie oft fühlst Du Dich, im Kontakt mit anderen Menschen, genau richtig?

Wie könnte es sich für Dich anfühlen, wenn Du Dir und Deinem Kind - Ich, die Bedürfnisse erfüllst, was früher niemand getan hat? Du also nicht mehr auf einen Menschen im Eltern - Ich warten musst, sondern Du selbst sehr gut für Dich sorgst?

Und wie könnte es sich für Dich anfühlen, wenn Du öfter mal in bewusster kindlicher Leichtigkeit Dinge für Dich tust, die Du schon immer tun wolltest?

Wie oft pro Tag lächelst Du einfach mal, ohne einen bestimmten äußeren Anlass?

Kapitel 20 Jetzt könnte und wollte ich ja eigentlich Vollgas geben….

Wir schreiben gerade Sonntagabend, den 25.10.2020 um 20.40 Uhr. Wieder einmal sinniere und grübele ich über die Ereignisse der vergangenen Wochen, die erlebten Gefühlswelten im Hier und Jetzt und meinen Plänen für die Zukunft, deren Umsetzung ja doch zum Greifen nahe lag…. Lag…..

Wie ich Dir erzählt habe, hielt ich vor einigen Wochen einen Seminarabend zum Thema „Glaubenssätze und deren Auflösung" in Seminarräumen eines Burgrestaurants ab. Den Teilnehmern und mir hat dieses Seminar riesig viel Spaß und Freude bereitet. Und mir sogar so viel Freude, dass ich ein weiteres Seminar inzwischen komplett konzipiert habe. Ich könnte quasi morgen früh loslegen…. ja wenn…. Genau, wenn mir bestimmte äußere Umstände jetzt gerade nicht einen Strich durch die Rechnung machen würden. Ja, ich habe sogar ansatzweise meine Wunschlocation reservieren können. Zumindest wenn mich der dafür zuständige Mensch noch zurückrufen würde, aber das Thema behandele ich dann später genauer.

Es ist also alles bereit. Die Konzeption steht, die Unterlagen sind fertig, die Kalkulation ist fertig und die Einladung ist geschrieben.

Aaaaaber…. richtig, ich habe bisher mich auf äußere Umstände berufen, so dass derzeit dieses Seminar denn doch noch nicht stattfindet. Denn besagte Räumlichkeiten sind noch nicht schriftlich fixiert. Die Werbung mit der möglichen Anmeldung ist noch nicht veröffentlicht. Nur woran liegt es? Ok, diesmal, und ich habe das unbestimmte Gefühl, dass es das letzte Mal sein wird, dass mich äußere Umstände, nun, diesmal sind es jedoch veritable Umstände, von einer Umsetzung abhalten. Ja, denn inzwischen bin ich aus tiefstem

Herzen bereit, in die Umsetzung dieser Veranstaltung und in die künftige Umsetzung von Seminaren zu gehen. Obwohl ich genau das noch vor wenigen Wochen, aus meiner Wahrnehmung, sowie meiner Vision ausgeklammert hatte. Jetzt will ich es.

Und inzwischen ist es detaillierter Bestandteil meiner Zielplanung, meiner Unternehmensvision und meiner Umsetzung geworden. Wenn.... Ja wenn, wenn das Virus mit dem Namen C mir nicht gerade und ausgerechnet jetzt, einen Strich durch die Rechnung machen würde....

Nur merke und spüre ich genau jetzt auch, dass ich mir mit diesen Gedanken und meinem Gefühl der Abhängigkeit aus dem Außen (schon wieder) selbst im Weg stehe.

Aber!!!! Diesmal ist da fühlbar auch etwas anderes. Denn warum das Seminar nur im persönlichen und direkten Kontakt anbieten? Wären denn diese Veranstaltungen denn wirklich nur mit der physischen Präsenz der Teilnehmer am selben Ort möglich?

Ja, selbstverständlich befinden sich die Teilnehmer in einer anderen Energie und eben auch im direkten persönlichen Kontakt, wenn sie vor Ort miteinander in die Übungen gehen.

Aber gerade hier, in dieser Konstellation an einem Seminar zum inneren Kind im Business zu feilen und mir mögliche Alternativen zu einer Präsenzveranstaltung zu überlegen, macht das Ganze für mich wieder hoffnungsvoll, spannend und dynamisch. Ich könnte diese Konzeption ja genauso gut in eine reine Online Veranstaltung abändern und trotzdem meinen Klienten hierdurch die Seminarteilnahme ermöglichen. Es bietet auch mir selbst eine schöne Perspektive, wenn ich mir so die Gesamtentwicklung der anstehenden möglichen Kontaktbeschränkungen deutschlandweit ansehe, welche für die kommenden Tage Ende Oktober und Anfang November im Sinne partieller Lockdowns anstehen könnten. Ich fühle mich seit kurzer Zeit wirklich gestärkt und mutig, wenn ich mir Gedanken über zusätzliche Handlungsalternativen mache, statt mich, wie sonst üblich, über irgendwelche Hemmnisse aus dem Außen zu ärgern, welche ich doch eh nicht selbst beeinflussen kann. Ein schöner und angenehmer Lerneffekt.

Ja, auch für mich erscheint die Übersicht über die verschiedenen Entwicklungen in den unterschiedlichsten Bereichen im Moment durchaus etwas surreal.

Für mein Empfinden, und wie von mir auch schon mal angerissen, befinden wir uns seit einigen Jahren in einer Phase der Maßlosigkeit und der Übertreibung. Vielleicht auch der Verschwendung.
Nimm einmal die Gier nach ständiger Profitsteigerung. Betriebe müssen Gewinne erzielen, um die laufenden Kosten für die Produktion und Herstellung der zu verkaufenden Güter tragen zu können. Ebenso möchten die Mitarbeiter ihren Lohn erhalten und ab und an benötigt Dein Betrieb neue Gerätschaften im Tausch gegen die alten Maschinen.
Banken und Sparkassen erzielen aus der Differenz zwischen Zinsertrag und Zinsaufwand einen Gewinn, der nach der goldenen Bankregel zur Deckung ihrer anfallenden Kosten für Mitarbeiter, EDV, Räumlichkeiten usw. ausreichen sollte, was in der Zwischenzeit jedoch nur noch selten klappt. Der zusätzliche zu erzielenden Provisionsertrag stellt somit bestmöglich den Überschuss eines Kreditinstitutes dar.

Nun liegt es im Bestreben der meisten Firmenchefs, die Gewinne jährlich zu steigern. Nimm hier einmal jedoch einen bekannten Brausegetränkehersteller aus den USA, der in so ziemlich (ich meine bis auf 2) allen Ländern dieser Erde marktbeherrschend vertreten ist. Wie kann nun dieser Hersteller bei diesen jeweiligen Sättigungsgraden denn seine

Gewinne über die Maßen noch steigern? Schwierig, wenn er nicht gerade auf die Kostensenkungspotentiale achtet und die Mitarbeiterzahlen reduziert. Hier bleiben eben nur noch Preiserhöhungen aufgrund der fast schon existierenden Monopol-, mindestens jedoch einer Oligopols, übrig.

Somit dürfen sich beispielsweise im deutschen Bankenbereich, die Mitarbeiter auch jährlich über steigende Zielvorgaben, welche sie zu erfüllen haben, freuen. Mit eben der Betonung auf steigend. Ein nicht ganz so einfaches Unterfangen, wenn es Du mit Mühe und Not schaffst, in einem gesättigten Markt überhaupt Deinen Marktanteil zu halten. Von einem weiteren Ausbau kann da nicht wirklich die Rede sein.

Ok, also warum sollten wir nicht einfach mal nur versuchen in hinreichend gesättigten Märkten, das erreichte Level einfach mal nur wenigstens zu halten?

Nun, da spielen dann eventuell die Faktoren Gier, die Sehnsucht, besser als Deine Mitbewerber zu sein oder eben der Wunsch, durch Übernahme Deiner Mitbewerber das Alleinstellungsmerkmal, zu erreichen eine gewichtige Rolle. Nur welchen Sinn macht dies?

Welche Konsequenzen dies jedoch noch haben könnte? Nun, sehr pauschal formuliert, benötigst Du in vielen der vorhin benannten Fälle, im Sinne der erfolgten Steigerung von Effizienz und Effektivität der eingesetzten Produktionsmittel, letztendlich weniger Mitarbeiter, da die verbleibenden Kolleginnen und Kollegen doch noch mehr arbeiten dürfen. Das Streben nach Steigerung, ist für mich also aus unternehmerischer Sicht nachvollziehbar.

Was lösen diese Vorgänge jedoch beim Einzelnen aus? Beim einzelnen Mitarbeiter, wenn sich dieser nach einem Zusammenschlusses seines Arbeitgebers mit einem

Mitbewerber einem generellen Stellenabbau, z.b. auch mit der Streichung seiner eigenen Stelle konfrontiert sieht. Mit welchem Gefühl fährt dieser Mitarbeiter denn nun täglich zu seiner Arbeitsstätte? Insbesondere, wenn er über das morphogenetische, also das wissende Feld irgendwie spürt, dass da irgendetwas nicht stimmt. Er somit eine gefühlte Vorahnung davon hat, was sich in der kommenden Zeit in seinem Feld und beruflichen Umfeld so alles verändern kann und verändern wird?

Nun, persönlich habe ich mich inzwischen mit der Ausweitung meiner Komfortzone und sei es auch durch Veränderungen aus dem Außen heraus, gut bis sehr gut arrangiert. Gerade weil ich für mich so die Idee habe, dass Veränderungen durchaus zu meinem Wohl vonstatten gehen können und gehen werden. Vielleicht sehe ich manches im ersten Moment noch etwas anders, aber aus meiner rückblickenden Erkenntnis hatte jede Veränderung immer auch etwas Positives für mich, eben eine positive Auswirkung auf mich.

Dieser Erkenntnis bedurfte es jedoch mancher Momente voller Frust, Selbstzweifel und mancher Frage, warum nur immer mir so etwas, scheinbar Negatives, passierte. Aber und letztendlich konnte ich immer noch etwas Gutes am vermeintlich Schlechten für mich entdecken.

Nun vermisse ich jedoch oftmals das notwendige Feingefühl in unseren Gefilden, wenn es um die Übermittlung vermeintlich schlechter Nachrichten an beispielsweise Mitarbeiter geht. Denn beim Empfänger handelt es sich immer noch um ein Individuum mit einer eigenen Psyche und einer möglicherweise individuellen Reaktion auf solche möglichen Eingriffe in dessen Leben. Und hier gilt es zwar jetzt nicht unbedingt jeden Nachrichtenempfänger in Watte zu packen und behutsam auf eine eventuell anstehende Veränderung samtweich über Monate vorzubereiten. Es sollte jedoch möglichst frühzeitig, klar, offen und wirklich wertschätzend, jede Informationen zu anstehenden Umstrukturierungen ins System gegeben werden. Denn das System und seine Teilnehmer spüren dies sehr früh auch von selbst, oder erfahren auch einfach mal durch den so genannten Flurfunk, dass sich eine gewisse, nicht wirklich definierbare Unruhe im System gebildet hat. Oder das System spürt, dass es zu Veränderungen, Standortschließungen, - zusammenlegungen oder ähnliches kommt. Und zwar bevor auch nur die ersten Gerüchte hierzu die Runde machen und es ab diesem Zeitpunkt zu ungewünschten Reibungsverlusten aufgrund frühzeitig aufgetretener Ängste bei den Systemmitgliedern kommen kann. Solange Du eben mit Menschen in einem System zusammen arbeitest, erfahren die Teilnehmer dieses Betriebes frühzeitig durch eine sich steigernde Unruhe, dass eine Veränderung, mit der entsprechenden Auswirkung auf die Systemmitglieder ansteht.

Eines Tages erhielt ich einmal einen vermeintlich plötzlichen Besuch eines Vorgesetzten, der zu mir folgendes sagte: "wie ich Sie kenne, wissen Sie es schon"...... was ich jedoch verneinte, da ich in den 4 Wochen, in denen ich diese Information bereits hatte, durch eine innere Hölle ging. Ich erfuhr eben relativ früh, dass mein Arbeitsplatz neu verändert würde und gemeinsam mit der Leitungsfunktion der Nachbarfiliale zusammengelegt und intern in unserem Betrieb zur Neubesetzung ausgeschrieben würde.
Ich wartete somit 4 Wochen lang einmal darauf, dass mir jemand diese Botschaft überhaupt erst einmal „offiziell" verkündete. Und, im kleinen und quasi unbedeutenden Nebeneffekt, stellte ich mir in der ein oder anderen schlaflosen Nacht die Frage, was denn dann in diesem Zusammenhang, sprich in dieser neuen Konstellation, mein

neuer, mein guter Platz werden würde..... eine durchaus anspruchsvolle Zeit, die mich hiernach zu einer Leitungsfunktion von 2 Filialen eines mittelgroßen Finanzdienstleistungsunternehmens, irgendwo im Südwesten Deutschlands führte. Na gut, dies erfuhr ich eben auch etwas früher als gedacht, was jedoch ein anderes Thema war und mich wiederum innerlich beruhigte. Trotz alledem, war ich ob meiner Empfindungen etwas überrascht, als ich eben schon vorab vom Ergebnis der Planungen anderer eine Ahnung bekam.

Komischerweise wurden jedoch nach knapp anderthalb Jahren dann auf einmal, neben vielen weiteren Filialen, diese beiden Stellen dann komplett geschlossen. Was für mich das vorherige Procedere ad absurdum führte, da für mich gefühlt, auch diese Ergebnis schon feststand, als ich mich auf meine eigene Stelle neu bewerben durfte.

Wann ich diese neue Nachricht erhielt? Nun diesmal ohne eine wirkliche Vorahnung gehabt zu haben, dass es gleich meine beiden Stellen treffen würde. Zwar fühlte ich für mich und ahnte etwas von Standortschließungen, jedoch hatte ich damals zumindest auf mein Verbleiben an einer der beiden Standorte gehofft, was jedoch nicht erfolgt ist. Wie es für mich weiterging? Dies beschreibe ich Dir gerne im nächsten Buch dieser Trilogie, in dem es um meine Zukunftsvisionen und die Planungen und Umsetzung meiner Ziele und Visionen geht.

Ich habe also im beruflichen Kontext durchaus die verschiedenen Nuancen einer Kommunikation einschneidender exzentrisch motivierter Veränderungen erfahren und für mich reflektiert, was es eben in mir ausgelöst hat. Was es mit mir gemacht hat. Diese Erfahrungen waren in meinem Job meist einschneidend. Jedoch war und ist für mich die weniger belastende, von der ich frühzeitig, klar vollständig kommuniziert erfahre. Und diejenige, in der ich als Mitarbeiter weiß, wie es mit mir persönlich und mit meinen Mitarbeitern künftig weiter geht.

Ich möchte Dich (angenommen, Du bist Unternehmer und Führungskraft) also gerne einladen möglichst frühzeitig Produktivitätsverluste in Deinem Betrieb zu vermeiden, indem Du schnellstmöglich und so frühzeitig wie irgend mögliche, möglicherweise anstehende Veränderungen und Umstrukturierungen, für den Einzelnen oder eben auch für Gruppen/ Abteilungen oder ähnliches sofort und vollständig, inklusive des weiteren Einsatzes im Unternehmen kommunizierst. Es geht mir hier auf der einen Seite um die künftige Entwicklung Deiner selbst, sowie um die Zukunft Deines Unternehmens, indem es darum gilt, möglichst frühzeitig Zukunftsängste und sonstige innere Restriktionen jedes einzelnen Mitgliedes in diesem System zu nehmen und gleichzeitig eine frühzeitige und klare Darstellung der Vision des gesamten Unternehmens, sowie die jeweiligen Zukunftsperspektiven des Einzelnen zu kommunizieren. Denn der Mensch weiß, dass es zu Veränderungen kommen kann und kommen wird, geht jedoch mit diesen Umständen auch sehr individuell um. Je frühzeitiger also jeder Einzelne seinen guten neuen Platz im System finden kann und diesen besetzen kann, desto schneller kommst du mit Deinem Unternehmen wieder in ruhigere Fahrwasser hinein um Dich auf das zu konzentrieren, was Dir und Deinen Leuten Spaß bringt. Eben den Kontakt und die Kommunikation mit Deinem Kunden, um hieraus wieder Umsatz generieren zu können. Denn nichts ist schlimmer, als wenn Du Dich in den negativen Themen und Auswirkungen suhlst, welche Veränderungen nun einmal mit sich bringen können, statt hier den Blick nach vorne zu richten und mit jedem Mitarbeiter, der Deinen Weg mit Dir gehen möchte, an dessen guten Platz im neuen Umfeld, Du Dich wieder zum Erfolg hin ausrichten kannst.

Denn heraus kommt es eh und so werden entstehende Ängste möglichst früh beim Einzelnen selbst und aus dem System heraus reduziert. Und es gibt, zumindest aus meiner Sicht wenig, was den Einzelnen mehr belastet, als wenn er keine Ahnung davon hat, wie es mit ihm künftig weitergeht. Denn er wird sich immer in Zukunftsängsten wähnen, sich selbst und seine Leistung, sogar seinen Selbstwert hinterfragen, obwohl zum Beispiel solche strukturellen Veränderungen sehr wahrscheinlich überhaupt nichts mit ihm persönlich zu tun haben.

Wie sollte es jedoch anders sein, wenn ihn an dieser Stelle eben auch niemand abholt und auf dem Weg dieser Veränderung begleitet? Kommt denn auch hier das innere Kind ins Spiel, welches es in jedem Menschen vorhanden ist? Ich meine ja.

Und auch dieses gilt es in den Prozess der Veränderung bestmöglich zu integrieren, um den angeknabberten Selbstwert des Einzelnen in solch einer Situation zumindest stabil zu halten. Denn vielleicht ist ja nicht unbedingt der erwachsene Mitarbeiter derjenige, dessen Selbstwert in irgendeiner Form durch eine Umstrukturierung angeknabbert wird. Vielleicht empfindet ja der jüngere innere Anteil des scheinbar selbstbewussten Mitarbeiters, die anstehende Veränderung, den Ortswechsel seines Arbeitsplatzes sowie den anstehenden Verlust seiner liebgewonnen Kolleginnen und Kollegen, sprich seines Arbeitsumfeldes, als Bedrohung.

Ja, auch diese möglichen Irrungen und Wirrungen der Spezies Mensch gilt es anzuerkennen und wertzuschätzen.

Und nein, ich spreche hier jetzt immer noch nicht vom so genannten Popo pudern und der Rücksichtnahme auf einzelne Befindlichkeiten über jedes Maß hinaus. Es gilt hier immer noch das große Ganze im Blick zu halten.

Ich möchte jedoch sehr deutlich auf den enorm großen Gesprächsumfang aufmerksam machen, welchen es bedarf, um strukturelle Veränderungen, die umgesetzt werden sollen, zumindest halbwegs zu einem Erfolg zu machen.

Hier gilt es also, wie in jeden Prozess struktureller Veränderungen, sich selbst zu fragen:

Was hat es mit mir zu tun?

Und damit spreche ich keinesfalls von den möglichen Auswirkungen auf Dich und Deine künftigen Tätigkeiten. Sondern ich spreche davon, inwieweit Du eine mögliche Verantwortung bei Dir suchst. Und, ehrlich gesagt, liegt die Verantwortungen für solche Veränderungen von außen in den eher seltenen Fällen bei Dir, wenn solche extrinsischen Veränderungen auf Dich zukommen.

Was macht es mit mir?

Was löst nun also diese, von außen auf Dich einwirkende, Veränderung in Dir aus? An der Du im übrigen keine Schuld trägst…. Wie wirkt sie auf Dich und Deine inneren Kinder/ Deine inneren Kindanteile? Vielleicht sogar erleichternd, da sich eine unangenehme Gesamtkonstellation dem Ende, dem Ausklingen neigt?

Was ist denn das Gute am Schlechten?
Z.B. was sind denn die möglichen Chancen aus dieser anstehenden Veränderung?
Vielleicht war Dir ja Deine bisherigen Position oder die Fahrerei zwischen Wohnung und Arbeitsplatz zu lästig und Du hast bisher den dringend notwendigen Absprung nicht geschafft. Jetzt musst Du also ins Tun und in die innere

Veränderung kommen. Bleibt Dir ja quasi nichts anderes mehr übrig. Du kannst Dich nun vielleicht endlich frei heraus für einen neuen, besseren, motivierenderen Job, als Deinen jetzigen öffnen und diesen auch antreten. Denn Du bist Dir dessen bewusst, dass es so eben nicht mehr weiter gehen kann.

Und um es in Kürze zusammen zu fassen:

=>Annehmen Nutzen Verstärken

Wie kannst Du Dich schnellstmöglich und bestmöglich mit der veränderten Gesamtsituation vertraut machen? Wie kannst Du persönlich und um Deines inneren Friedens willens, die Gegebenheit, die sich ja nicht wirklich mehr verändern lässt, als das annehmen, was es nun einmal ist? Eine neue Gegenwart, mit der Du gestern noch nicht gerechnet hattest, obwohl Dein Plan für die Zukunft eigentlich anders aussehen sollte.
Was nützt Dir dieser Umstand? Wie kannst Du für Dich einen Vorteil herausziehen, um diesen dann in Schritt 3 sogar zu verstärken? Und damit Du letztendlich als Gewinner aus dieser neuen, in früheren Zeiten für Dich so unüberwindbaren Konstellation, in Erscheinung treten kannst?

=>Erst, wenn Du Dich etwas länger als 15 Sekunden über etwas aufregst, Frage Dich, was es mit Dir zu tun hat.

=>Was ist das Gute am Schlechten?
=> Und welche Chancen resultieren daraus für Dich und Dein Leben?

Wenn Du einmal auf Dein Leben zurückschaust, war es denn wirklich immer so schlimm, wie es sich in genau diesem Moment angefühlt hat? Vielleicht ergab sich ja dadurch Deine Öffnung für neue Chancen, für Dich und Dein Umfeld? Oder resultierten Deine Ängste und Befürchtungen aus wirklich dramatischen Erfahrungen aus der Vergangenheit? Da sieht die Geschichte selbstverständlich etwas anders aus und bedarf eventuell tiefer gehender Unterstützung.

Und wenn Du diese Situationen überstanden hast, wovon ich ausgehe, da Du ja sonst dieses Buch nicht hättest kaufen können, um es zu lesen, wie verändert und gestärkt konntest Du also mit dieser Erfahrung weiterleben?

Und könnte es nicht zum Beispiel ein erstrebenswertes Ziel sein, auch mal etwas anders zu tun, als es die Masse tut?

Einfach mal nur Deinem eigenen Herzen zu folgen und etwas Neues und Eigenes auf die Beine zu stellen? Mit dem Ziel, dass Du glücklich bist und Deinen Mitmenschen einen wirklichen Mehrwert bietest.....

Denn ich habe, wie ich ja schon beschrieben habe, die Idee und die Empfindung, die ich mit Dr. Peter Kreutz seit dessen Vortrag vor ca. 10 Jahren absolut teile.

Dieser stellte, wie beschrieben, die These auf, dass Du am Markt nur bestehen kannst, wenn Du billiger bist als alle anderen, oder eben anders als die anderen.

Diese damalige These möchte ich nicht nur auf Unternehmen und Betriebe anwenden, sondern ergänzend auch für Dich als Individuum. Sei es nun in Deinem Privatleben, vor allen Dingen jedoch, wenn es um den Einsatz Deiner Arbeitskraft, sei es für Deinen Arbeitgeber, als auch für Dein eigenes Unternehmen gilt. Ich möchte Dich also einladen, in allem was Du tust, Dich wirklich für Deine Idee und Deine Vision einer Weltveränderung aus tiefem Herzen heraus einzusetzen. Und eben mit Kreativität und vollem Kontakt zu

Deinem Herzen und in Verbindung zum Herzen Deines Kunden, etwas Individuelles und Einzigartiges auf die Beine zu stellen. Ihm also auf keinen Fall Lösungen von der Stange vorzusetzen.

Denn Dein Kunde möchte genauso wie Du eine individuelle Lösung seiner Probleme haben und nicht wirklich ein Programm von der Stange bezahlen.

Und schon kannst Du entsprechend auch Deinen höheren Preis durchsetzen, statt, wie bisher, immer nur auf den günstigsten Preis Deiner Waren und Dienstleistungen am Gesamtmarkt zu bauen. Und hierdurch eben auf Deine Umsätze zu hoffen.

Welche Erkenntnisse für künftige Umstände der extrinsisch motivierten Veränderungen entdeckst Du gerade für Dich, um diese entsprechend zu nutzen?
Vielleicht hast Du ja Lust, Sie Dir zu notieren.

Wie möchtest Du künftig in Deinem Markt bestehen? Möchtest Du der billigste Anbieter mit Waren von der Stange sein?
Oder präferierst Du das Erstellen einer jeweiligen individuellen Lösung für Deine Kunden? In der Du Dich kreativ in Deinem Spezialgebiet ausleben kannst und eben eine angemessene Entlohnung in Form eines finanziellen Energieausgleichs von Deinen Kunden oder Deinem Chef gezahlt bekommst?

Kapitel 21 Advent und Weihnachten zuhause

Wie eventuell Du auch, habe ich so manche liebgewonnene Gewohnheit, die ich nur ungern ablege, bzw. auf die ich nur ungern verzichte. Nun, nachdem ich inzwischen mehrere Male in den letzten Jahren, den Heiligen Abend in den Niederlanden, nur unweit der Nordsee und des Wassers verbracht habe und ich inzwischen auch meinen Schatz davon überzeugen konnte, wird es in diesem Jahr wahrscheinlich etwas schwierig mit einem vorbehaltlosen Auslandsaufenthalt werden. Wir schreiben heute den 1. Advent 2020 und irgendwann in den nächsten Tagen, treten wohl neue Beschränkungen für den Otto Normalbürger und Waltraud Normalbürgerin in Kraft. Nun, über Weihnachten wohl dann mit Lockerungen für jeden Einzelnen, aber irgendwie habe ich da so ein wenig den Überblick verloren, welche Regelung in welchem Bundesland, bzw. bundesweit, so gerade ihre Gültigkeit hat.

Nun, vom Ausland und den dortigen Bestimmungen, bzw. den Bestimmungen, die nach Deiner Rückkehr aus möglichen Risikogebieten gelten, mal ganz zu schweigen.

Achja, stimmt. Wir schreiben ja immer noch die Zeiten des Virus namens C.

Nun sieht es wohl also aus, dass Du, ich, wir eben alle, die Weihnachtstage eben mit möglichst wenigen sozialen Kontakten außerhalb des eigenen Haushaltes verbringen dürfen, bzw. sollen und müssen or whatever. Es herrschen Reisebeschränkungen und mich, nach Rückkehr aus dem Ausland für 10, oder waren es gerade 14 Tage, in häusliche Quarantäne ohne Lohnfortzahlung zu begeben, steht jetzt, rein auch aus Bequemlichkeit, nicht in meiner Planung. Ohne Lohnfortzahlung deshalb, weil es sich ja um eine freiwillige Reise handeln würde. Ok, ich müsste jetzt, während ich um 04 Uhr morgens, nach einer etwas kürzeren Nacht an diesen

Zeilen schreibe, denn auch noch prüfen, ob derzeit in den Niederlanden die Hotels überhaupt geöffnet wären und ich, als Ausländer, mich überhaupt dort, ohne dortige Quarantäne, aufhalten dürfte. Klingt anstrengend? Ist es auch. Somit begebe ich mich quasi schon mal automatisch in einen leicht resignativen Zustand von doof, da ich es ja gerade auch nicht ändern kann.

Aber wie habe ich es im vorherigen Kapitel beschrieben? Richtig. Gegebenheiten im Jetzt, die ich gerade nicht ändern kann, bzw. aufgrund angeordneter möglicher Restriktionen nicht ändern will, könnten mich beispielsweise in den inneren Widerstand führen und ich könnte mich darüber durchaus Tage, Wochen und Monate mal so richtig ärgern und aufregen.

Spaß beiseite.... Oder ich nehme die Situation einmal als gegeben an. Und beginne, nachdem ich sie angenommen habe, mir Gedanken über den Nutzen zu machen. Ich verbringe also keine Stunden auf der Autobahn, auf der Fahrt zu meinem Reiseziel. Sondern mache es mir eben zuhause gemütlich und verbringe diese gesparte Zeit beim Lesen eines guten Buches am Kamin. Oder schreibe eben ein solches.

Gut, warum habe ich denn so gerne viel Zeit am Wasser in den Niederlanden verbracht und wie könnte ich mir diese Atmosphäre denn dann auch, falls benötigt, hier erschaffen? Nun, das Meeresrauschen erklingt zum Beispiel via Internet auch über die Lautsprecher. Der fehlende Salzgehalt in der Luft lässt sich hiernach über entsprechende Töpfe voll mit verdampfendem Wasser inklusive Salz auf dem Kamin reproduzieren. Und das Flair der kleinen niederländischen Städtchen, die ich während meiner Aufenthalte ebenfalls besucht hatte, kann ich durch das Schauen diverser Reisesendungen in TV und worldwideweb, durchaus auch als veritablen Ersatz für den Aufenthalt vor Ort, in mich aufnehmen.

Ok, ich habe mir also hier, in der Sparvariante ohne zusätzliche Kosten für Übernachtung und Essen gehen, meinen eigenen Urlaub reproduziert, ohne mich über Restriktionen aufzuregen, derer ich mich gerade nicht aussetzen möchte. Ich nutze also die Gegebenheiten und erkenne das Gute am Schlechten, indem ich mich in der gesparten Zeit noch an die Umsetzung der Dinge mache, die ansonsten mal wieder liegen geblieben wären.

Ja, das Leben kann doch so einfach und immer schöner sein, wenn Du beginnst die Dinge zu erkennen und zu nutzen, die Dir Dein Leben im Hier und Jetzt trotzdem so alle bietet. Denn irgendwie ist ja alles eh da. Und es kommt noch so viel mehr dazu, wenn Du Dir die gewünschte Atmosphäre durch einfache Mittel selbst erschaffst und Dich zusätzlich mit neuen Wünschen, Zielen und Plänen beschäftigst, welche Du im nächsten Jahr erreichen möchtest. Von der Formulierung Deiner Visionen und der Umsetzung Deiner Mission in Deinem Leben mal ganz zu schweigen. Und ja natürlich ist es an den vielen anderen Orten dieser Welt gerade so viel schöner, wenn Du in genau diesem Moment gerade dort wärst. Nur übersehen wir vielleicht auch manchmal gerade in unserem unmittelbaren Umfeld, die verborgenen Schönheiten der Natur und der kleinen Ortschaften, durch die Du noch nie durchgefahren bist, da sie ja nicht auf Deiner gewohnten und immer genutzten Hausstrecke liegen.

Und bei denen Du noch nicht einmal darüber nachgedacht hast, wie es dort aussehen könnte, wenn Du einfach statt immer an derselben Kreuzung links abzubiegen, Du auch mal geradeaus fahren oder eben rechts abbiegen würdest.

Ja aber, höre ich jetzt gerade innerlich die Stimme einer jungen Kollegin sagen, wenn doch mein tägliches Ziel links liegt und ich keinen Umweg fahren möchte, da mir die Zeit sonst zu knapp wird, soll ich wirklich mal nach rechts fahren? Und hier liegt genau die Antwort. Denn im Sollen und müssen, sei es nun die äußerliche Verpflichtung oder der innerlich verspürte Gedanke, liegen manchmal die Blockaden, die uns selbst den Blick auf mögliche Alternativen am Wegesrand oder in unvermuteten Seitenstraßen abseits des eigentlichen Weges eben versperren. Wir verpassen dabei eventuell so viele Möglichkeiten und veritable Optionen für ein möglicherweise schöneres und abwechslungsreicheres Leben, nur weil wir eben die vorgegebenen Pfade noch nicht einmal außer Acht lassen wollen, um zu schauen, zu spüren und wahrzunehmen, was es sonst noch so da draußen in der Welt für uns geben könnte.

Wenn wir es doch einfach nur mal als das wahrnehmen würden, was es ist. Eine neue, eine andere Möglichkeit. Und als Option unseres Lebens anzunehmen, zu nutzen und damit vielleicht die Schönheit unseres eigenen Lebens sogar verstärken zu können.

Welche Wege nutzt und fährst Du täglich?

Welche alternativen Routen könntest Du denn ansonsten für Dich nutzen?

Was hast Du denn bisher nur mit halbem Ohr und Auge wahrgenommen und Dir dabei gedacht „ich könnte ja mal das genau das oder jenes heute tun und ausprobieren, wenn ich gerade die Zeit dazu hätte…. Aber morgen mache ich es ganz bestimmt…."?

Was wäre das Gute am Schlechten, wenn Du genau heute mal 5 Minuten später zur Arbeit kommst und Du dafür etwas wunderschönes Neues für Dich entdeckst?

Würde es überhaupt jemand bemerken?

Oder würde es eher auffallen, wenn Du heute mal glücklicher als sonst wärst?

Kapitel 22 Einsam oder alleine?

Ich würde mich ja durchaus als Menschen bezeichnen, der Rituale mag und der gerne 2 Dinge gleichzeitig tut. Zumindest wenn es um Autofahren und dabei telefonieren geht. Ich halte eben gerne Kontakt zu anderen Menschen und das insbesondere bei mehr oder weniger automatisierten Tätigkeiten, zu denen ich das Autofahren dazu zähle. Ich fuhr also mal wieder nach Hause, wobei ich gerade nicht mehr auf dem Schirm habe, ob ich in mein eigentliches Zuhause fuhr oder auf dem Weg zu meinem Schatz war.

Tut aber jetzt auch nicht wirklich was zur Sache. Denn ich führte ein durchaus intensives, zumindest fast schon rituelles Telefonat mit einer Kollegin. In ihrer ansonsten eher kognitiv unemotionalen, eher unpersönlichen Art, erzählte sie mir von ihren, ihr inzwischen fehlenden sozialen Kontakten außerhalb des beruflichen Kontextes. Wir schreiben nun fast das Ende des ersten Kalenderjahres, welches durch ein Virus namens C, eine durchaus charakteristische Prägung erfuhr. Gerade in den letzten Wochen häuften sich die gesetzlich vorgeschriebenen Änderungen und Verschärfungen des sozialen und gesellschaftlichen Lebens, durch die vorgeschriebene Reduzierung der möglichen sozialen Kontakte in ihrer Anzahl, mit denen Du Dich treffen dürftest.

Den Fakt, dass ich mich mit den 4 Kollegen und -innen, mit denen ich in meinem Job täglich intensiven Kontakt und Austauschen pflege, da wir in derselben Filiale arbeiten, privat nicht auf ein Bier treffen dürfte, da wir aus verschiedenen Haushalten stammen, lasse ich hier mal eben unkommentiert.

Auf jeden Fall berichtete mir besagte Kollegin von ihrem Gefühl, welches sie in den vergangenen Tagen beschlich. Sie verhalte sich, auch in Rücksicht auf ihren Partner, sehr zurückhaltend, was sonstige soziale Kontakte außerhalb des beruflichen Umfeldes anging, verspürte jedoch auch, dass sich darüber hinaus die Anzahl von Telefonaten privater Natur, als auch die Anzahl von Kurznachrichten, welche sie erreichten, deutlich verringert hätten. Sprich, sie fühlte sich zwar nicht wirklich allein, jedoch durchaus einsam, in ihrem derzeitigen privaten Leben.

Ja, es besteht durchaus die Möglichkeit, Dich einsam zu fühlen, wenn Du mit tausenden anderen Menschen gemeinsam in einem Fußballstadion befindest und Deinem Lieblingsverein bei dessen Sieg zujubelst. Es dreht sich hier, wie bei so mancher anderen Gelegenheit auch, um das subjektive Empfinden des Einzelnen und dessen, was er just in diesem Moment wirklich brauchen könnte.

Schwierig also, wenn Du Dich, wie wir alle, in einer Phase aufoktroyierter Kontaktbeschränkungen befindest, um Dich und andere zu schützen. Jedoch brauchen wir alle, sprich jeder Mensch und auch jedes sonstige Wesen, in seinem Leben den Kontakt zu anderen. Und eine Umarmung ist mindestens ebenso wichtig.

Nun hat es für mich, wie wohl auch meine Kollegin, den Anschein, als würden sich viele Menschen darüber hinaus auch dem Kontakt untereinander via Smartphone zusätzlich entziehen.

Viele Menschen, welche eh alleine (sprich ohne Partner/in) durchs Leben gehen, scheinen darüber hinaus auch zu vereinsamen, da sich besagte quantitativen Kontakte zusätzlich zu reduzieren scheinen. Ich selbst bekenne mich schuldig, so oft und vielfach in der Gegend und in meinem Adressbuch herum telefoniert zu haben, um eben meine Einsamkeit unter Kontrolle zu haben, bzw. das Gefühl der Einsamkeit in den Griff zu bekommen. Alles in allem kein wirklich liebevoller Umgang mit mir selbst, jedoch mein gerne gewählter Lösungsansatz, um zumindest in einem Kontakt mit jemandem zu sein.

Nun befinden sich eben, für meine Begriffe, unsagbar viele Menschen in unserer Gesellschaft schon seit vielen Jahren und einer sich jetzt noch verstärkenden besagten Isolation und Vereinsamung, was mich aus meiner eigenen Erfahrung heraus traurig und sehr nachdenklich stimmt.

Jetzt liegt es oftmals natürlich erst mal an den anderen Menschen im jeweiligen Umfeld, da diese sich ja auch nicht melden würden. Liegt es am jeweiligen Menschen selbst, dass er sich einsam fühlt oder ist jemand anderes schuldig, da er von sich aus auch Kontakte unterbindet?

Nun, eine Schuldigkeit mag vielleicht bei vielen der Beteiligten zu suchen und zu finden sein, jedoch scheint es für mich wesentlich hilfreicher und sinnvoller, lösungsorientierter an die Thematik heran zu gehen. Denn die grundlegenden Probleme und Problemfragen hierzu hast Du wahrscheinlich schon längst mal wieder über die vergangenen Monate gedanklich durchdekliniert.

Wie könnten jedoch, ganz bestimmungskonform, Lösungsansätze aussehen? Nun, kümmere doch vielleicht auch Du Dich proaktiv um die Menschen, deren aktuelles Schicksal, sowie deren veränderten Lebensumstände, Dich wirklich interessieren.

Rufe doch einfach mal den Menschen an, mit dem Du schon lange mal wieder sprechen wolltest.

Versuche doch im Supermarkt mal wieder, trotz Maske, Dir bekannte Menschen zu erkennen und wenigstens kurz mit ihnen wieder in Kontakt zu gehen.

Sprich, versuche Dich weniger zu verschließen und zurück zu ziehen und darauf zu warten, dass sich Menschen bei Dir melden. Sondern finde wiederum (Augen-) Kontakt auch unter der Maske und rede mit Deinen Mitmenschen....

Gerade in solchen surrealen Zeiten haben viele Menschen

eher mit sich selbst zu tun und hierdurch jedoch einen steigenden Wunsch nach Kontakten in Kombination mit einer gestiegenen Furcht, mit anderen Menschen in Kontakt zu treten. Eben ein leicht ambivalentes Verhältnis vom Wunsch nach Gesprächen gepaart mit einem immer stärkeren inneren Rückzug. Und diesen gilt es zu erkennen, zu nutzen (indem sich Menschen wieder durch diesen Wunsch nach Kontakt annähern und füreinander da sind) und zu verstärken. Sprich, wenn bei Dir der Wunsch nach einem persönlichen Gespräch vorhanden ist, gehe ihm bitte einfach nach. Denn nichts ist schlimmer, als ein immer größerer Rückzug in die innere Verschlossenheit, statt mit anderem Menschen aus dem Herzen heraus im Kontakt zu sein. Denn sie nehmen nicht nur. Sie können Dir eventuell auch das geben, was Du gerade gebrauchen könntest. Wenn sie es von Dir überhaupt erfahren. Du also hier zusätzlich Deine Fähigkeit trainierst, Deine Wünsche und Bedürfnisse zu erkennen und auszusprechen.

Und, da wiederhole ich mich gerne. Manchmal ist es auch mal ganz schön, alleine zu sein. Durchzuatmen und in die innere Ruhe einzukehren, diese zu genießen und auch mal zu meditieren oder ein gutes Buch zu lesen. Schwierig nur, wenn man beginnt, sich einsam zu fühlen und zu warten, bis endlich mal wieder etwas passiert. Ein Impuls also von außen herbeigesehnt wird, der jedoch nie kommen wird. Ich plädiere hier klipp und klar für mehr Eigeninitiative. Und zwar zum so genannten Wohle aller Beteiligten. Denn dieser so wichtige zwischenmenschliche Austausch darf und sollte durchaus für beide Seiten befruchtend sein. Auch wenn Du mal aus einer Bedürftigkeit heraus jemanden anrufst, solltest Du diesem Gesprächspartner denn auch mal zur Verfügung stehen, wenn dieser sich bei Dir meldet. Dieser mittelfristige Energieausgleich für den jeweiligen Einzelnen darf Dir bewusst sein. Denn ich empfinde es als anstrengender, wenn sich Freundschaften auf einmal in einem aufgestauten Frust auflösen, im Falle einer der Beteiligten sich benachteiligt und zu kurz gekommen fühlt, ohne diese Disbalance jemals angesprochen gehabt zu haben.

Jetzt häufen sich also derzeit Nachrichten und Berichte über Menschen in sozialer Vereinsamung, über Menschen beispielsweise in Altenheimen oder sonstigen Einrichtungen, die aufgrund Erkrankung oder sonstiger Beschränkungen und Sperrung der Institutionen keine Besuche empfangen dürfen. Hier gilt es also beispielsweise für Dich, nicht nur für den anderen, geliebten und einsamen Menschen stark zu sein und dessen Bedürfnis zu stillen. Hier darfst auch Du sehr deutlich auf Dich und Deinen Energiehaushalt achten, damit dieser Kontakt wirklich im Herzen stattfindet und nicht in einer „wir stecken im Dilemma und schimpfen über alle schlimmen Umstände" Diskussion vor sich hinplätschert. Hier also meine Idee, diese seltenen Umstände des guten Kontaktes doch wirklich für alle Seiten schön zu gestalten und auf keinen Fall in Schimpftiraden, wie schlimm doch die Politik und die Restriktionen doch sind, zu versinken. Denn damit ist niemandem wirklich geholfen.
Und wie kannst Du diese innere Stärke für Dich erreichen, um letztendlich auch kraftvoll für andere da sein zu können? Hm, das passende Rezept für Dich und Deine Bedürfnisse kenne ich leider nicht. Daher gilt es auszuprobieren, was wirklich zu Dir passt und Dir Deinen speziellen Cocktail zu mixen.
Tue Dir Gutes, gehe ich in eine tiefe und bewusste täglich Atmung, lies die Bücher, die Du magst, umgib Dich mit Menschen, die Dich und Deine Art schätzen und die mit Dir wachsen möchten. Setze Dir Ziele und erschaffe Deine Visionen, werde die glücklichere Ausgabe Deiner Selbst, indem Du meditierst, im Wald spazieren gehst oder Deine Lieblingsmusik beim Kochen hörst. Und je glücklicher Du

wirst, auch wenn Du alleine bist, umso weniger einsam wirst Du. Und umso eher kannst Du andere, geliebte Menschen, in ihrer Einsamkeit unterstützen, ihnen Gutes tun, indem Du für sie da bist. Und dadurch, dass Du Ihnen ein gutes Gefühl gibst, eventuell auch selbst noch ein Stück glücklicher werden. In einem angenehmen Nebeneffekt, bedingungslos und absichtslos eben aus Deinem Herzen heraus im Kontakt mit anderen Menschen, um diese Welt endlich wieder ein Stück liebevoller und fröhlicher machen. Für uns alle.

Kannst Du glücklich sein, auch wenn Du alleine bist?

Wie könntest Du glücklicher werden, auch wenn Du alleine bist?

Sprich es aus, um Dir dessen bewusst zu werden und Deiner Lösung immer näher zu kommen und hiernach anderen Menschen, ein solcher Unterstützer sein zu können.

Kapitel 23 Mit 89 Jahren fahre ich auch noch Quad

In ca 40 Km Entfernung vom Wohnort meines Schatzes, befindet sich der Ort, aus dem sie stammt. Der Vater ist der Bürgermeister des Ortes, der jüngste Bruder im Beirat, die Mutter eine quirlige und dynamische Frau, die neben der Geburt der 3 Kinder auch noch 45 Jahre nebenbei arbeitete. Und hier lernte ich den Großonkel kennen, der mit 89 Jahren aus dem Gedächtnis heraus die wunderbarsten Landschaftsbilder in Öl und Aquarell zaubert. Dessen Bilder gefallen mir, neben seiner Geschichte so sehr, dass ich diese in meinem Büro aufgehängt habe, obwohl ich mir damit außerhalb aller Vorschriften und Reglementierungen, wie unsere Arbeitsplätze auszusehen hätten, einfach nur mein Umfeld schön gemacht habe. Und das mit einigen privaten Gegenständen......

Nun fährt also besagter Großonkel, statt wie bisher mit dem Fahrrad, nun also auf 4 Rädern in der Gegend rum, damit sich dessen Söhne weniger Gedanken um ihn machen müssen. Diese haben ihm das Quad nämlich geschenkt, weil es eben stabiler ist, wenn er durch Wald und Flur fährt.

Herrlich also diese Bilder zu sehen und den Duft einmal der Kreativität und auch der unzähligen Möglichkeiten zu atmen, die auch das fortgeschrittene Alter so alle bieten kann, wenn Du einfach nur umsetzt und tust, was Du von Herzen liebst, um Dir selbst und nebenbei auch anderen Menschen eine Freude zu bereiten.

Nun saß ich also neben diesem älteren Herren mit dem, fast schon spitzbübischen Grinsen, der mit einer phantastischen und sehr ruhigen Hand die herrlichsten Landschaftsbilder malt. Der eine Sammlung von irgendetwas um die 200 selbstgemalten Bilder im Haus stehen hat und diese sukzessive an seine Verwandtschaft verschenkt. Der sich seine Auszeiten nach seinem Bedarf nimmt und seit über 60

Jahren mit seiner Frau verheiratet ist. Und der wiederum auch jeden Tag mit seinen Kindern im Kontakt ist. Gut, der Sohn, welcher in unmittelbarer Nähe wohnt, schaut denn auch jeden Tag nach den beiden und übernimmt das Kochen, um eben gemeinsam mit seinen Eltern auch zu essen. Aber auch deren Tochter, welche nun mal auf einem anderen Kontinent lebt, steht im täglichen Austausch mit ihren Eltern. Gerade diesen Familienzusammenhalt, den ich hier verspüren durfte, empfand ich als sehr anregend. Denn diese waren einfach, Distanz hin oder her, füreinander da.

Wenn Dich nun eines seiner Bilder interessiert, dann schau einfach mal auf das Cover dieses Buches. Vielleicht gibt Dir dieser Mann in einem etwas höheren Alter, zumindest wenn Du auf seinen Personalausweis schaust, einen Impuls. Einen Impuls dahingehend, was Du alles erleben und umsetzen kannst, wenn Du mit der inneren, kindlichen Leichtigkeit das tust, was Dir Dein Leben lang wirklich Spaß und Freude bereitet hat. Solche Kleinigkeiten, wie einen Hawaii Aufenthalt mit Mitte 80 Jahren, sowie eine Modernisierung am Haus der Tochter in Kanada erwähne ich hier nur nebenbei. Und herrlich die Geschichte, wie er und seine Ehefrau wohl bei der Einreise in Kanada ganz intensiv von Zollbeamten befragt wurden, was denn das weiße Pulver da im Koffer sei, welches er im Zementsack da bei sich hatte. Nun sprechen weder er, noch seine Frau englisch und er versuchte eben auf Deutsch den Zollbeamten zu erklären, dass er das Haus seiner Tochter eben in Kanada neu zu verputzen habe und es sich eben hierbei um das Material handelt, mit dem er beruflich schon immer gearbeitet hatte und diese Arbeiten nur damit ausführen will.
Danke für eine großartige Inspiration, was eben auch im etwas fortgeschrittenen Alter so alles möglich ist, wenn Du ein klares Bild dessen hast, was Du alles sehen und erleben

möchtest. Und es einfach umsetzt. Natürlich zum Wohle aller Beteiligten, aber es ist einfach möglich, auch mit 89 Jahren, mit Spaß und Freude durchs Leben zu gehen und der Welt und auch Deinen Kindern etwas zu schenken, wenn Du eben etwas aus Deinen Fertigkeiten und Fähigkeiten machst. Und die hat jeder Mensch. Und es ist schön, wenn diese eben auch abgerufen werden. Denn dann haben beide Seiten etwas davon.

Danke also Dir, Anton, für ein malerisches Sinnbild von den Ufern das Lago Maggiore. Ein Sinnbild für einen schon deutlich großen Teil des Weges, den ich hin zu meinem persönlichen Rom bereits zurückgelegt habe. Einen Weg, der mich über manch steinige und bergige Wege jedoch in viele wunderschöne Gegenden führte und noch führen wird.

Solange ich nur Schritt für Schritt weiter gehe, ohne mich zu sehr in Alltag und Gewohnheiten selbst gefangen zu halten. Oder mich durch mein Umfeld halten zu lassen.

Also immer und immer wieder mit dem Blick auf die schönen Momente und Möglichkeiten, die sich Dir in Deinem Leben, am Wegesrand zeigen. Und vielleicht bieten sich auch Dir zusätzliche neue Perspektiven, neue Möglichkeiten und Inspirationen, wenn Du Dir und Deinem inneren Navigationsgerät erlaubst, nicht nur mit Tempo 130 stur geradeaus auf der Autobahn zu rasen.

Sondern auch einmal die kleinen Seitenstraßen Deines eigenen Lebens zu nutzen. Und um auf diesen unbekannten, von Dir vielleicht nur selten erkundeten, alternativen Wegen, ebenfalls an Dein Ziel zu gelangen. Und durch die bewusste Offenheit für die Kontakte Deines Umfeldes, Deinen eigenen Horizont noch zusätzlich erweitern zu können. Um eben auch von anderen Menschen zu lernen und das für Dich passende Puzzlestück einzusammeln und weiter zu gehen.

Wie verbringst Du Deinen Alltag?

Welche Dinge bereiten Dir Spaß und Freude?

Empfindest Du, bei dem was Du tust, Spaß und Freude?

Wie oft setzt Du genau diese Dinge um? Jeden Tag? Jede Woche? Jeden Monat? Oder immer erst Morgen?

Welche Geschenke machst Du Deinem Umfeld? Der Welt?

Was möchtest Du, wenn Du mit 89 Jahren auf Deinen Leben zurück schaust, über Dich selbst sagen können? Dass Du zum Beispiel an jedem Tag Deines Tuns, Spaß und Freude empfunden hast?

Und was hast Du dann noch für Deine zukünftigen Jahre so alles vor?

Kapitel 24 Es ist 3.30 nachts und ich kann mal wieder nicht schlafen

Nun nähert sich so langsam, jedoch unaufhaltbar, das Ende des Jahres 2020. In einer Woche feiern wir den Heiligen Abend eines Jahres, welches ich so nicht wirklich erwartet hätte. Das Virus namens C, welches ich für mich fortan nur noch als „Herbert" bezeichnen möchte, um ein wenig Abwechslung ins Spiel zu bringen, ließ mich einmal mich selbst, aber auch eine veränderte Welt kennenlernen.

Inzwischen befinden wir uns, im Rahmen von „Herbert", in einem zweiten, bundesweiten und harten Lockdown für dieses Jahr. Und ja, für manche könnte es hart sein, keine Geschenke für die Liebsten kaufen zu können. Wobei meine Gedanken eher bei den Menschen in Kurzarbeit oder nach erfolgtem Jobverlust und den Einzelhändlern in den Städten und Dörfern sind, die aufgrund der Gegebenheiten derzeit keine Geschenke an Menschen verkaufen dürfen und somit, kurz vor ihrer eigentlich Hauptumsatzsaison des Jahres, vor massiven Einkommensverlusten stehen. Und dadurch vielleicht ihren Liebsten keine Weihnachtsgeschenke kaufen können.

Doch wenn ich hier an Laureen, eine selbstständige Friseurmeisterin aus einer Großstadt im Südwesten Deutschlands denke, so sind diese Menschen einmal stolz auf das, was sie in diesem Jahr, trotz aller widrigen Umstände, Tag für Tag geleistet haben. Und denken dabei auch an ihre selbstständigen Freunde und Kollegen, welche wegen Schließungen ihrer Läden vor ähnlichen, auch finanziellen Potentialen stehen.

Und trotzdem dachte gerade Laureen immer noch nicht an sich selbst, ihre eigene Ist-Situation und ihre Zukunft. Sie rief zur Unterstützung der Ladengeschäfte vor Ort auf, da auch diese Menschen, welche täglich in ihren Geschäften stehen, um anderen etwas zu geben, ein sorgenfreieres Leben verdienen. Und manche eben zu diesem Weihnachtsfest nicht wirklich weiter wissen. Wie es für sie und ihre Lieben weiter geht.

Aus ihrer Botschaft aus dem Herzen heraus, wurde mir doch eines klar vor Augen geführt. Ja, auch für mich sind Dankbarkeit und tiefe Demut angesagt. Denn ich lebe durchaus in der Luxuswelt eines Jobs, in der sich mancher meiner Kollegen die Schließung seiner Geschäftsräume wünscht. Natürlich nur unter der Bedingung, dass die monatliche Gehaltszahlung seitens des Arbeitgebers weiter läuft.

Ich würde lügen, wenn ich mir nicht auch die temporäre Schließung meines Arbeitsplatzes wünschen würde. Angesichts jedoch der geschilderten Umstände aus meinem besagten Freundeskreis, steht mir solch eine Forderung einfach nicht zu.

Ja, gerade in den letzten Tagen, empfand ich manchen Umstand an meinem Arbeitsplatz als mental herausfordernd. Aber trotzdem und trotz der Umstände, dass ich mir immer mal wieder die Frage nach dem Sinn meines dortigen Tuns und meines manchen Wartens auf Veränderung stelle, erhalte ich eine psychologisch für mich enorm wichtige innere Sicherheit, die mich dankbar macht. Denn sie gibt mir die zusätzliche Kraft und Möglichkeit, mir mein eigenes Unternehmen, darüber hinaus, stressfrei aufzubauen.

Und ja, ich bin mir immer und immer wieder meines Luxus bewusst, dass ich zwar immer weniger mag, was mein Job als Mitarbeiter eines mittelgroßen Finanzdienstleistungsunternehmens in einem mittelgroßen Ort, irgendwo im Südwesten Deutschlands so mit sich bringt, ich jedoch immer mehr und mehr schätze, was er mir in meinem Beruf und meiner Berufung als Experte fürs

Chancendenken, Consultant und Trainer für Unternehmer und deren Unternehmen zusätzlich ermöglicht.

Und angesichts der immer weiter steigenden Zahlen an Menschen ohne Job, bzw. in Kurzarbeit und angesichts der vielen Menschen voller Ängste und Furcht vor der Zukunft gebe ich meinen Klienten, meinen Kollegen und den sonstigen Menschen in meinem Umfeld von Herzen gerne die Möglichkeit, einen veränderten Blick auf deren Möglichkeiten zu richten. Einen veränderten Blick darauf, was sie selbst und selbstständig in ihrem Leben bereits erreicht haben und worauf Sie stolz sein können. Und einen veränderten Blick darauf, was für mein Klienten in Zukunft noch so alles möglich ist, wenn sie sich in einem intensiven und positiv besetzten Blick auf ihre Zukunft, eben mit dieser wertschätzend und konstruktiv beschäftigen. Oftmals begegnet mir in solchen Situationen und Coachings der Wunsch meiner Klienten, Aufmerksamkeit und Anerkennung aus dem Außen zu bekommen. Der Wunsch, als das kleine innere Kind, vom damaligen Vater, oder der damaligen Mutter im Schmerz über das gerade erlittene, aber auch im Stolz über das geleistete, gesehen zu werden.

Und gerade in solchen Situationen mit meinen Klientinnen und Klienten, den Kontakt zu deren inneren Kindern zu knüpfen und sie sich selbst den Wohlwollen und die Komplimente geben zu lassen, nach denen sie sich so sehr gesehnt haben, erfüllt einfach mein eigenes Herz mit einer enorm großen Freude. Und ja, ich habe Spaß daran, meine Klientinnen und Klienten mit einem strahlenden und erleichterten Lächeln, nach der spürbaren Lösung alter Blockaden, aus meiner Praxis gehen zu sehen....

Was ich damit zum Ausdruck bringen möchte? Ja, auf der einen Seite sind wir oftmals Gefangene von, von uns selbst verursachten Umständen, Gefühlen, Wünschen und

Bedürfnissen. Ich nehme mich da keinesfalls aus, denn auch ich darf täglich an meinen inneren Gefühlswelten arbeiten.

Ja, ich warte und hoffe immer noch auf den wirklichen Spaß und die Freude, die Erfüllung meiner tiefsten Wünsche, wenn ich täglich zum Ort der Ausübung meines Jobs fahre. Ob es jemals zur Erfüllung dieser Wünsche jedoch in den letzten Jahren kam? Leider eher weniger.

Für die Erkenntnis und das Bewusstsein, dass diese Wünsche aus dem Außen bereits seit vielen Jahren nicht erfüllt wurden, habe ich so viele Jahre benötigt. Ebenso auch für das Bewusstsein, dass mir diese Wünsche wohl nie aus dem Außen erfüllt würden. Und nein, auch mein so genanntes fishing for compliments bei meinen Vorgesetzten und Kunden, erbrachte diese Erfüllung einfach nicht.

Aber auch dieses Bewusstsein bedeutete für mich schon einmal 50% der Lösung, denn der wahrhaft gute Kontakt von mir zu mir selbst und meinen inneren, bedürftigen Kindern, brachte mich der guten Lösung und der Steigerung meines Selbstwertgefühls Tag für Tag ein großes Stück näher. Dieses nachträgliche Nähren meiner bedürftigen inneren Kinder stärkt mich immer mehr und wird mir bis ans Ende meiner Tage eine Herzensangelegenheit und ein Bedürfnis sein. Und ja, auch die Vermittlung des Wissens um diese Möglichkeit der Erfüllung eigener tiefsitzender Wünsche und Bedürfnisse an möglichst viele Menschen, hat sich letztendlich zu meiner derzeitigen Herzensangelegenheit, zu meinem Sinn des Lebens, entwickelt.

Und darüber hinaus bin ich so überaus dankbar und demütig, über genau die, für mich so dringend erforderliche Sicherheit und das Sicherheitsgefühl aus meinem Job heraus, schöpfen zu können. Die Sicherheit derer ich gerade bedarf, um einmal mich selbst und hierdurch auch meine Klientinnen und Klienten ein Stück näher zu sich selbst zu führen.

Ich lebe hier in einer geradezu luxuriösen Position, derer ich mir bewusst bin, für welche ich dankbar bin und die mich weitermachen lässt. Denn sie lässt mich sorgenfrei, zumindest unter diesem Aspekt, in meine Zukunft schauen.

Manche würden es als inneren Spagat zwischen dem schnöden Mammon und dem guten täglichen Gefühl der inneren Zufriedenheit bezeichnen. Dieses Spagates bin ich mir durchaus bewusst. Jedoch ziehe ich meinen Wunsch nach genau diesem „sowohl als auch" aus den Erfahrungen meiner Kindheit heraus, welche mich früher durchaus zu digitalen Entscheidungen führten. Es gab also für mich nur ein „ja oder nein", „Schwarz oder Weiß", „entweder oder".

Ich gebe es zu, dass ich mir derzeit in immer stärkerer Wahrnehmung, das Beste und Schönste aus allen jeweiligen Optionen veranschauliche und für mich nutze.

Vielleicht entdeckst Du ja für Dich vermehrt die Vorteile einer differenzierten Betrachtungsweise Deiner Situation und einer Analyse des Guten am Schlechten, bevor Du Dich selbst auf eine dauerhafte, für Dich Selbst und vielleicht sogar für Dein Umfeld herausfordernde, Abwärtsschleife begibst, in der Du all das Negative aus Deinem ach so furchtbaren Job und Deinem sozialen Umfeld auflistest und addierst.

Vielleicht tut jedoch auch mal so manchem von uns der ein oder andere Gedanke und ausgesprochene Satz, wie gut es uns doch wirklich geht, durchaus etwas wohler.

Und ich spreche hier beileibe und keinesfalls von wirklichen und tiefsitzenden Lebensgrundproblemen, die Menschen haben können. Ich bin spreche von den latent dauerhaft mit allen und Allem unzufriedenen Menschen in einem sicheren sozialen und beruflichen Umfeld, die an sich selbst noch nicht einmal ansatzweise Positives und Angenehmes erkennen können. Geschweige denn ausformulieren können.

Mir und meinem Umfeld geht es sehr gut. Ich schätze es Wert und nehme es wahr, wie gut es mir im Hier und Jetzt geht. In welcher materiellen und emotionalen Sicherheit ich inzwischen lebe. Und welche ich jetzt auch mit anderen Menschen teilen kann.

Wie nimmst Du Dich und Dein Umfeld wahr? Bist Du permanent mit Dir und mit allem anderen unzufrieden oder lebst Du in der glücklichsten Deiner Welten?

Was würde Dir helfen, Deine Sicherheit, in der Du lebst, Dein Glück und Deine innere Zufriedenheit, wirklich als solche wahrnehmen und annehmen zu können?

Angenommen, Du wolltest alles um Dich herum ständig und stetig optimieren wollen, um es wirklich perfekt zu machen und zu haben. Würde Dich das wirklich glücklicher machen? Oder würdest Du dann was neues finden, dass Dir an Dir selbst und an Deinem Leben nicht passt?

Könnte Dich eine Rückbesinnung auf das, was Du bisher in Deinem Leben geleistet und vollbracht hast, vielleicht sogar mit Stolz erfüllen?
Wie könntest Du Dich selbst mehr und mehr stärken, um für Dein Umfeld ein starker Mensch zu sein?

Kapitel 25 Wohin fahre ich an Heilig Abend?

Wir schreiben nun also das Jahr 2020 und „Herbert" bestimmt derzeit das Geschehen.
Familien werden sich in größerer Anzahl nicht sehen dürfen, bzw. werden es vermeiden, sich zu sehen. Viele, gerade auch ältere Menschen, werden dieses Fest der Liebe wohl in Einsamkeit und ohne wirklichen Kontakt und einer Umarmung von ihren Liebsten verbringen müssen.
Mir steht es keinesfalls zu, solche Entscheidungen der Einzelnen in Frage zu stellen. Ich denke jedoch schon seit einigen Wochen darüber nach, was es mit dem Einzelnen macht. Was löst z.B. der Wunsch des Vaters bei seinem Sohn aus, dieser möge keinen Weihnachtsbesuch vornehmen? Sprechen wir denn aus der Kognition heraus, dass der persönliche Kontakt unbedingt vermieden werden soll? Und wie sieht es mit der Aussprache der Gefühle und Emotionen aus dem Herzen heraus aus? Kommen diese Empfindungen ebenso klar zur Aussprache? Denn vielleicht empfindet das Unterbewusstsein, bzw. das innere Kind des Sohnes, den Wunsch des Vaters auf Besuchsverzicht, genauso wie früher, als Zurückweisung. Als Abwehr des bedürftigen Kindes, welcher früher schon zu wenig in den Arm genommen wurde und hier nun wieder, diesmal als Erwachsener, diese emotionale Zurückweisung erlebt und sich vielleicht wieder in die Traurigkeit und Einsamkeit des damaligen Kindes zurückversetzt fühlt?.
Ja, im ersten Teil dieser Trilogie, sprach ich von langweiligen, sich inhaltlich wiederholenden Weihnachtsbesuchen bei den Eltern und Verwandten. Nun stehen in diesem Jahr wohl unzählige Menschen davor, das Weihnachtsfest alleine verbringen zu müssen, um Kontakte zu vermeiden. Kontakte, die manch einer eh als belastend empfunden hat.

Nur wenn diese, fremd- und/ oder selbstbestimmt, nicht stattfinden, könnten sie ja vielleicht auch dem Einzelnen fehlen. Denn eines ist sicher. Wir brauchen unsere Verbindungen und Kontakte. Und zwar die emotionalen, wie auch die körperlichen und sei es nur durch kurze Berührungen.

Nun möchte ich Dich dazu einladen, doch genau mal zu spüren, was die Aussicht auf ein Weihnachten alleine und ohne Deine Familie in Dir auslöst. Wer in Dir fühlt sich da eventuell zurückgewiesen? Und inwieweit warst Du mit Dir selbst und mit Deinem Gegenüber in einem guten und stabilen Kontakt, als es um die Eröffnung des Wunsches Deiner Eltern nach dem Besuchsverzicht ging?
Wie hast Du darauf reagiert? Inwieweit hast Du es als Ablehnung empfunden, Deine Eltern nicht besuchen zu dürfen? War es befreiend? Oder vielleicht doch belastend? Und hier für wen? Für Dich, den Erwachsenen? Dein inneres Kind? Oder vielleicht für euch beide?

Nun ist es doch so, dass jeder Mensch für sich selbst in die Verantwortung gehen sollte und es wohl, aufgrund „Herbert" inzwischen verstärkt auch tut. Und ja, der vorhin beschriebene Sohn könnte sich nun in seiner eventuell oftmals ausgelegten Opferrolle verweilen. Aber es ist irgendwann einmal auch an der Zeit, und lass mich kurz auf das vorherige Kapitel verweisen, sich doch endlich der Opferrolle zu entledigen und darüber hinaus nicht unbedingt direkt zum Retter seines Umfelds zu mutieren.
Nein, eine wohldosierte und bewusste Nutzung aller beschriebenen Teile des sogenannten Dramadreiecks (Opfer, Retter und Täter), eines Teilbereiches aus der Transaktionsanalyse, erachte ich für enorm hilfreich. Ebenso auch der bewusste Ausstieg aus besagtem Dramadreieck.

Gerade wenn Du Dir der oftmaligen Nutzung eines dieser vorbeschriebenen Rollenbilder auch bewusst geworden bist. Denn es geht auch nicht darum, jeden Menschen, ob er nun will oder vielleicht nicht, in der gegebenen Situation zu retten.

Es geht darum, gut auf Dich zu achten, Dich selbst zu stärken und in der gegebenen und erforderlichen Situation die jeweilige Rolle einzunehmen, die für Dich gerade die passende ist. Denn liegt es im Wohle aller Beteiligten, wenn sich einer zum dauerhaften Retter in Beziehungskontakten aufspielt, ohne je die Erlaubnis der anderen Teilnehmer hierfür erhalten zu haben? Ich wage es auch zu bezweifeln, dass Du fortwährende Lust auf eine Interaktion mit einem Partner hast, der laufend Dich, Deine Position und Deine Meinungen angreift und kleinredet?

Wichtig ist eben hier, mal wieder, Dein Bewusstsein, in welchem Status Du Dich im jeweiligen Moment befindest. Welchen Zweck Du mittels Deiner Kommunikation verfolgst und welcher Kraftanstrengung Dein jeweiliges, vielleicht sogar unauthentisches Verhalten bedarf.

Achte gut auf Dich und Deinen Energiehaushalt, wenn Du wieder einmal im Kontakt mit einem Mitmenschen stehst und dabei verspürst, dass sich gerade irgendetwas in Deinem Rollenverhalten unpassend für Dich anfühlt. Auf Dauer kann sich beispielsweise solch eine Dauerschleife im Opfermodus nicht nur für Deine Gesprächspartner, sondern auch für Dich selbst unangenehm und anstrengend anfühlen. Mal abgesehen davon, dass es Dich auch nicht weiter bringt.

Eines der Ziele des beschriebenen Dramadreiecks aus der Transaktionsanalyse und ihres Begründers Eric Berne, ist beispielsweise, es Menschen anhand besagter Transaktionsanalyse zu ermöglichen, ihre eigene Wahrnehmung über sich selbst, zu reflektieren, zu ergründen und gegebenenfalls zu verändern. Sie erhalten hierdurch eine Theorie zur Persönlichkeit und wie sich Menschen in bestimmten Situationen verhalten.

Für mich ist eine Reflektion und eventuelle Änderung meines eigenen Verhaltens einfacher und praktikabler, wenn ich erkenne, wie ich mich verhalte. Dieses Verhalten reflektiere und eben durch dieses erworbene Bewusstsein auch verändere. Insbesondere dann, wenn ich merke und verspüre, dass ich hierdurch an meine eigenen Grenzen und an die meiner Kommunikationspartner gelange.

Ein zusätzliches beschreibendes Kommunikationsmodell als Grundlage für die Ergründung, Reflektion und mögliche Veränderung der eigenen Kommunikation, bietet das Modell der von mir hochgeschätzten Virginia Satir, einer usamerikanischen Familientherapeuten und einem der Vorbilder der Begründer des NLP, des Neuro-Linguistischen Programmierens, Richard Bandler und John Grinder.

In ihrem Kommunikationsmodell beschrieb Satir 4, bzw. 5 grundsätzliche Menschentypen, die diese im Rahmen einer Kommunikation, bzw. der Interaktion mit sich selbst und anderen Menschen, annehmen, wenn sie hierbei mehr als sonst unter innerem Stress und einer inneren Spannung stehen.
Hierbei handelt es sich um den Typen des Anklägers, des Rationalisierers, einen Beschwichtiger, einen Ablenker und das sogenannte kongruente Muster.
Diese einzelnen Typen kannst Du, wenn Du Dich näher mit dieser Thematik beschäftigst, anhand verschiedener Zugänge erkennen und als solche wahrnehmen.
Sie unterscheiden sich einmal anhand ihrer Körperhaltung, der sprachlichen Ausdrucksweise, den gewählten Satzinhalten sowie einer besonderen Gestik voneinander. In allen

nachfolgenden Beschreibungen gehe ich jeweils auf einen zu 100% „Lehrbuchkonformen" Typen ein, welchem Du in der Realität eher selten begegnen wirst. Denn schlussendlich haben alle Menschen auch immer die Anteile der verschiedenen Typen in sich.

Du hast Interesse daran, mal die einzelnen Typen etwas genauer unter die Lupe zu nehmen?
Nun, dann betrachten wir uns doch einmal gemeinsam und in Kürze die Erkenntnisse von Virginia Satir zu den möglichen Menschentypen in einer gestressten und unter Spannung stehenden Kommunikationssituation.

Du findest also einmal den sogenannten Beschwichtiger (Pacater).
Dieser steht denn dann beispielsweise eher in sich zusammengesunken vor Dir, ist von seiner Körperhaltung eher schwankend und spricht oftmals mit einer eher gepressten Stimme. Gleichzeitig ist er jedoch froh, überhaupt dabei sein zu dürfen.
Einen möglichen Rationalisierer (Computer) erkennst Du möglicherweise an dessen eher reaktionsarmen, unbewegten und gespannten Körperhaltung. Er spricht meist monoton und trocken von Dingen, die aufgrund ruhiger und sachlicher Überlegungen zur Erkenntnis x oder y geführt haben.
Wohingegen Du den Ankläger (Blamer) eher an dessen lauter und schriller Stimme, sowie dessen angespannter und verzerrter Körperhaltung erkennen kannst. Interessant sind für mich hier insbesondere dessen gerne genutzten negativen Fragen und Formulierungen im Sinne einer eher verbalen Attacke.
Begegnest Du nun einem Menschen, der in seinen Bewegungen eher unkoordiniert wirkt und der mit fahriger, schnell bewegter Stimme von seiner eigentlichen aktuellen

Gefühlswelt verbal ablenken möchte, indem der sprunghaft das Gesprächsthema zusammenhanglos wechselt, befindest Du Dich im Kontakt mit einem innerlich gestressten Ablenker (Distractor).

Wie ich Dir ja vorab beschrieben habe, handelt es sich bei diesen beschriebenen Typen um die zu 100 % Lehrbuchkonformen Beschreibungen, welchen Du eher weniger begegnest. Ich empfinde diese Beschreibung jedoch als durchaus, im Sinne der Selbstreflektion, als hilfreiche Information zur Analyse meines eigenen Verhaltens, wenn ich mich in etwas stressigeren Gesprächssituationen mit meinem Gegenüber befinde. Ich reflektiere da sehr gerne meinen Ist-Zustand (wenn er mir auffällt;-)), um mich durch eine ganz bewusste und tiefe Atmung, wieder zurück in meinen innerlich ruhigeren Ausgangszustand zu versetzen und den angesammelten Stress und Druck aus meinem eigenen System wieder heraus zu nehmen.

Wenn Du Dich also in der Kommunikation mit einem Gesprächspartner befindest und dieser eine verbale Attacke nach der anderen auf Dich fährt, obwohl ihr euch gerade mal erst kennengelernt habt, nur dieser eben Deine Meinung dauerkritisiert, könntest Du beispielsweise an einen sogenannten Ankläger geraten sein.

Spannend und für Deine emotionale Gefühlswelt durchaus dynamisch, wenn Du selbst eher der beschwichtigende emotionale Typ bist und Dein eigenes Gefühlsleben in solch einem Gespräch eine emotionale Achterbahn fährt, obwohl ihr miteinander bisher nicht wirklich etwas zu tun hattet. Gleichzeitig dürfte dieses Gespräch auch ein etwas schnelleres Ende finden, da bei diesen beiden Gesprächspartnern eben einfach eine gegenseitig wohlwollende Gesprächsbasis fehlt und sich oftmals keiner der beiden Gesprächskontrahenten dessen wirklich bewusst ist, was da gerade, in solchen Momenten, so vor sich ging. Und vielleicht auch kein wirkliches Interesse daran zeigt, auf sein Gegenüber kommunikativ zuzugehen.

Aus solchen Situationen heraus, können dann unter anderem die viel zitierten zwischenmenschlichen Missverständnisse entstehen, obwohl Menschen nicht wirklich etwas miteinander zu tun hatten, geschweige denn das Gegenüber der Auslöser für die gefühlte innere Stresssituation, im Rahmen dieser eben beschriebenen Kommunikation, war.

Interessant auch, wenn beispielsweise ein eher Zahlen Daten Fakten orientierter Rationalisierer mit einem so genannten Ablenker ein Gespräch zu führen hat, welcher in diesem Moment in keinster Weise auf sein Gegenüber eingeht, sondern völlig aus dem Zusammenhang heraus gerissen, von irgendwelchen Dingen der vergangen Woche berichtet oder einfach auch während des Gesprächs zu singen beginnt.

Interessant wird es somit, wenn beide Personen miteinander sprechen, ohne sich dabei wirklich etwas zu sagen.

Mein Ziel und mein eigener „Wunschzustand" in jedweder Kommunikation ist jedoch der Typus des kongruenten Musters.

Hierbei spricht der Kommunizierende genau durch seine Worte aus, was er in diesem Moment fühlt. Seine Körpersprache und seine Mimik entsprechen in diesem Moment exakt dem, was und wie er sich fühlt. Manche würden sagen, er wäre in seiner Kommunikation eben authentisch, ohne sich, wie bei den anderen 4 beschriebenen Mustern, in die unauthentische Inkongruenz zurück zu ziehen, damit vermeintlich keiner merkt und spürt, wie es ihm in genau diesem Moment und genau dieser Situation wirklich geht.

Und um nun die beschriebene Situation des nicht erfolgten Weihnachtsbesuches des Sohnes bei seinem Vater aufzulösen... Ja, auf der einen Seite wäre es für besagten Sohn möglich gewesen, sich in einen verbalen Angriff des Vaters zu verflüchtigen. Oder anhand möglicher Hochrechnungen einer Infektionswahrscheinlichkeit zu hantieren oder wie auch immer. Oder eben einfach den Wunsch des Vaters als eben das anzunehmen, was es ist. Ein Wunsch, in diesem Jahr auf einen Kontakt, sei es zum Schutze des Vaters, zum Schutze des Sohnes oder auch zum Schutze beider, zu verzichten.

Eben das Bedauern auszudrücken, eine mögliche Alternative zum Beispiel in Form eines virtuellen Treffens zu formulieren und ansonsten keinesfalls einen möglichen Fehler bei sich selbst zu suchen.

Ich bin froh und von Herzen dankbar, dass ich diese Erfahrung ebenfalls machen durfte und mich selbst dabei beobachten konnte, wie ich die Entscheidung und den Wunsch meines Vaters auf den Verzicht eines Treffens eben einfach so auch annehmen konnte. Es war sein ausgedrückter Wunsch. Und ich habe ihm diesen erfüllt.

Auf welche Besuche hast Du in diesem Jahr verzichtet?

Auf welche Besuche hast Du verzichten müssen?

Warst Du dafür dankbar, dass Du niemanden besuchen musstest?

Auf welche Besuche hast Du aufgrund eines äußeren Einflusses verzichtet, ohne, dass Du es selbst wirklich wolltest?

Was hat es in Dir ausgelöst?

In welcher Form durften Deine inneren Empfindungen ans Tageslicht und wurden von Dir ausgesprochen? Sind sie vielleicht doch im Verborgenen geblieben?

Warst Du wirklich im kongruenten Muster und Verhalten, als Du in der Kommunikation mit geliebten Menschen warst?

Und wie ging es Dir, als Du schlussendlich alleine zuhause warst?

Vielleicht möchtest Du Deine wirklichen und tiefsten Gedanken und Emotionen auch zum Ausdruck bringen? Dann lade ich Dich ein, einen Brief an denjenigen oder diejenigen Menschen zu schreiben und deinen wirklichen Gefühlen endlich Ausdruck zu verleihen…. Schreib einfach mal alles auf und bringe Deine Trauer, Deine Wut und Deine Verletzung zu Papier. Und vielleicht wirst Du Dir ja in diesem Moment Deinen wirklichen Gefühlen und Empfindungen bewusst und verleihst Ihnen endlich Ausdruck.

Du musst ja den Brief auch nicht wirklich absenden, sondern kannst diesen einfach verbrennen. Ich empfinde es lediglich als enorm hilfreich, auf diesem Wege meine Gefühle auszudrücken, damit ich mich von Ihnen lösen kann.

Viel Freude und Lösung wünsche ich Dir von Herzen bei dieser kleinen, jedoch potentiell hochwirksamen Übung.

Kapitel 26 Das Ende des Jahres? Der Anfang eines neuen Jahres? Oder wohin führt Dich Deine Reise im neuen Jahr?

Nun gibt es ja einige Möglichkeiten, wie sich denn so ein gepflegter Jahreswechsel abspielen kann. Die einen legen einen immens großen Wert darauf, die vorgegebenen betrieblichen Jahresziele noch zu erreichen. Um einmal gut da zu stehen und an eventuellen Bonuszahlungen partizipieren zu können. Andere wiederum treffen schon sehr viele Vorbereitungen, um einen phantastischen Start ins neue Jahr hinzulegen und schieben mögliche Verkaufserfolge bereits vorab ins kommende Jahr. Einmal, weil sie die Zielvorgaben des laufenden Jahres eh nicht mehr erreichen können, andererseits, um eben besagten positiven Start nach außen hin, ins kommende Jahr zu leisten.

Viele misten denn auch ihre Unterlagen und Klamotten aus und lösen sich von Dingen und weiteren Äußerlichkeiten, welcher sie nicht mehr wirklich bedürfen. Zum einen, weil sie vielleicht aus alten Klamotten herausgewachsen sind, zum anderen, weil sie sich von Dingen und vielleicht auch von Menschen lösen wollen, die eben nicht mehr in das derzeitige Lebensbild passen.

Als ich am heutigen 30.12.2020 in meine Wohnung fuhr, um die letzten Seiten dieses Buches zu vollenden, dachte ich so darüber nach, wie ich in früheren Jahren den Jahreswechsel beging. Eine möglichst hohe Zielerreichung an meiner Arbeitsstätte war mir enorm wichtig, wobei ich hier bis zum letzten Tag alles Menschenmögliche dafür tat. Gleichzeitig machte ich mir oft schon sehr früh Gedanken darüber, wie und mit wem ich denn Silvester verbringen würde. Je größer die Festivität und je früher für mich Planungssicherheit bestand, desto lieber war es mir.

Nur waren solche Dinge denn wirklich die entscheidenden Faktoren, um von Herzen glücklich zu sein und ein Jahr nach dessen Vollendung entsprechend auch zu verabschieden? Geschweige denn mit einer positiven Grundeinstellung und vielleicht sogar einer kindlichen Leichtigkeit und Neugierde, was denn das neue Jahr alles an schönen Dingen, wunderbaren neuen Menschen und besonderen Begegnungen so alles mit sich bringen könnte?

Inzwischen dürftest Du meinen Standpunkt dazu ja abschätzen und kennen.

Ja, ich könnte 2020 als „Kackjahr" titulieren, in dem es nicht einmal möglich war, in einen vernünftigen Urlaub zu fahren. Es herrschten Einschränkungen, Reglementierungen und 2021 würde garantiert nicht besser werden.

Oder, ich betrachte mir das endende Jahr in einem wertschätzenden Rückblick, in dem ich jederzeit voll beschäftigt war. Ich habe zu jedem Monat mein volles Gehalt erhalten, hatte immer genug Nahrungsmittel und Getränke vorrätig und konnte wunderbare und sonnige Tage einfach zuhause genießen. Ja, auch bei uns, in Südwesten Deutschlands, in meinen beiden derzeitigen kleinen Heimatorten, schien die Sonne bei sehr angenehmen Temperaturen und machte den Aufenthalt in meiner Heimat zu einem wunderbaren und fast schon ungewöhnlichen Erlebnis. Denn wie oft nehmen wir denn wirklich wahr, was alles schon da und um uns herum vorhanden ist? In der Ferienzeit zieht es nun einmal viele von uns, fast schon zwanghaft, in südlichere Gefilde.

Natürlich vermittelt das Thermometer, welches 38 Grad im Schatten anzeigt, ein deutlich besseres Urlaubsfeeling als ein Thermometer, welches zuhause lediglich 36 Grad ausweist. Ironie Ende.

Natürlich ist es bequem, sich in einem Hotel nach Strich und Faden verwöhnen zu lassen und ja, derzeit steht die deutschland-, europa- und die weltweite Hotellerie- und Gaststättenbranchen vor einer durchaus einschneidenden

Neuorientierung und neuen Ausrichtung am Markt. Und wer weiß, wie und unter welchen Voraussetzungen wir künftig denn noch Urlaub machen werden. Von Herzen wünsche ich jedem Mitarbeiter und Unternehmer aus diesen Bereichen einfach das Beste und eine goldene Zukunft. Wenn ich mich jedoch auf meine Situation beziehe und das bestmögliche versuche, daraus zu machen, so kann ich es mir eben auch hier schön und gemütlich machen. Ich kann den Wald vor der Haustür neu und anders entdecken. Ich kann mich, angesichts der sich erholenden Natur darüber freuen, wie blau und ohne die sonst üblichen Kondensstreifen der Flugzeuge, der Himmel wirklich strahlt. Schlussendlich stelle ich mir eben immer öfter die Frage, was ich in meiner unmittelbaren Umgebung denn wirklich in Dankbarkeit und Demut wahrnehme, weil es ja eh schon da ist. Und was ich denn so in der Vergangenheit so alles verpasst habe. Übersehen habe. Oder eben einfach als selbstverständlich hingenommen habe, ohne es wirklich wertzuschätzen. Denn immerhin habe ich es mir ja auch selbst erarbeitet.

Das sich dem Ende neigende Jahr, bot mir also neben der ein oder anderen emotionalen Herausforderung jedoch sehr viel Schönes und Angenehmes, welches ich von Tag zu Tag mehr zu schätzen weiß. Meine Verbundenheit mit meiner Heimat hat sich gefestigt. Ich konnte auch in meiner unmittelbaren Umgebung neue Ortschaften und Wege erkunden.

Ich bin gerade dabei, ein wirkliches Gefühl für ein Zuhause zu entwickeln. Ich habe es sehr genossen, 2 junge Kaninchen aufwachsen zu sehen und zu beobachten, wie diese mit Seniorenhasen zusammenwachsen und eine Gemeinschaft bilden, in der sie aufeinander achten und sich um einander kümmern. Alte Bekanntschaften haben sich gelöst und neue Freundschaften haben sich entwickelt. Ich habe ein deutlich intensiveres Körpergefühl entwickelt und freue mich immens darüber, das abgelaufene Jahr ohne wirkliche Erkältung oder sonstiges größeres Unwohlsein überstanden zu haben. Gleichzeitig habe ich durch eine immer bewusstere Ernährung und der Fortführung meiner morgendlichen Kneippanwendungen meinem Körper viel Gutes getan.

Insgesamt also ein für mich wirklich schönes und positiv besetztes Jahr 2020, welches sich dem Ende neigt. Und ja, die äußeren Umstände mögen dieses Jahr vielleicht zu einem etwas dynamischen und vielleicht auch verwirrenden Jahr gemacht haben, jedoch entscheide ich mich hier bewusst für die vielen schönen und erhellenden Momente, die mir dieses Jahr beschert hat.

Ob ich hier lediglich eine Schönfärberei betreibe? Vielleicht. Denn auch bei mir gab es, wie ich Dir ja verschiedentlich geschildert habe, so einige Momente, in denen ich seelisch, emotional und geistig wieder einmal wachsen durfte. Diverse, auch innere Anspannungen, welche ich mir durch etwas zu hohen Konsum von belastenden Informationen aus den täglich sich wiederholenden und potentiell angstbereitenden Nachrichten in mich aufsog, haben nicht unbedingt zu einer Steigerung meines Wohlbefindens gesorgt.

Und hier möchte ich Dir noch eine Empfehlung für einen möglicherweise anderen Abschluss eines jeden Jahres ans Herz legen.

Nun, wie würde es sich denn für Dich anfühlen, wenn Du künftig in einer schriftlichen Reflektion alle die Dinge für Dich auf einem weißen Blatt Papier notieren würdest, die Dich im laufenden Jahr gestört, belastet, genervt oder was auch immer haben, um hiernach in der Nacht vom 24.Dezember auf den 25. dieses Blatt Papier wiederum zu verbrennen?

Besagtes Ritual habe ich für mich innerhalb meiner Beschäftigung mit den sogenannten Rauhnächten entdeckt und für hilfreich befunden.

Worum es sich bei den Rauhnächten handelt? Nun, hierbei handelt es sich um einige Nächte um den Jahreswechsel herum.

Ich versuche hier jetzt keine wissenschaftlich fundierte und vollständige Erklärung aller mir vorliegenden Informationen dieses Brauchtums wieder zu geben, sondern möchte Dir die Dinge beschreiben, welche für mich einfach am ansprechendsten waren und sind.

Nach der kalendarischen Wintersonnenwende ab dem 21.Dezember, befindet sich, zumindest aus meiner Empfinden heraus, die Welt und oder jeder Mensch, in einer gewissen Neuorientierung/ Neusortierung. Die Tage werden wieder länger und irgendwie verändert sich etwas nach den vielen Wochen der ständig länger andauernden Dunkelheit, wenn also das Tageslicht wieder mehr die Oberhand gewinnt.

Diesen 12 Tagen (entsprechend den 12 Monaten des kommenden Jahres) wird also nach europäischem Brauchtum, eben eine besondere Bedeutung zugemessen. Es handelt sich hierbei um die Nächte vom 25.Dezember bis 06.Januar.

Grundsätzlich vollziehst Du hier einmal eine gewisse Reinigung von z.B. Deinen Wohnräumen mittels Räuchern. Ok, hier liegt jetzt nicht so wirklich meine Expertise, daher bitte ich Dich, falls Dich das Thema doch mehr interessiert, Dich entsprechend zu erkundigen.

Für mich hilfreich stellte sich jedoch besagtes Notieren der eher weniger schönen Dinge aus dem laufenden Jahr dar, von welchen ich mich innerlich verabschieden wollte.

Ich notiere mir also die entsprechende Dinge, Angewohnheiten und ähnliches, welche im neuen Jahr gerne Platz für neues machen dürfen.

Ebenso notiere ich mir auf 12 weiteren Zetteln meine Wünsche, die ich für das kommende Jahr gerne erfüllt wissen möchte.

Du siehst also, 12 Wünsche, auf 12 Zetteln für 12 Monate, die in 12 Nächten einzeln, ohne auf den jeweiligen Inhalt des Zettels zu schauen, in einer ruhigen Minute, am besten also nachts, verbrannt werden.

Ok, bis hier also ganz einfach. Du kreierst Dir hiermit Deine eigene Wunschmaschine, denn das Universum steht bereit, um Dir Deine 12 Wünsche in den jeweiligen Monaten Januar, Februar, März, usw. zu erfüllen.

Und nun notierst Du Dir zusätzlich noch einen 13. Wunsch. Öffnest diesen, nachdem Du in der 12. Nacht den letzten Wunsch verbrannt hast und liest nach, welchen, sprich den 13. Wunsch, Du Dir nun selbst erfüllen darfst. Ein gewisses Maß an Eigeninitiative wird also hier schon einmal vorausgesetzt, damit Du mit Deinem persönlichen Engagement, ebenfalls zu einem schönen neuen Jahr beitragen kannst.

Für mich also einmal ein schönes Gesamtpaket eines Rituals, mittels dem Du Dich noch einmal in einer inneren und besinnlichen Rückschau den Themen widmen kannst, die in Deinem persönlichen vergangenen Jahr eher suboptimal gelaufen sind. Von diesen schriftlich fixierten und somit aus Deinem eigenen Erleben externalisierten Gedanken machst Du Dich also auf diesem Wege endlich wirklich freier, wenn Du sie im angesprochenen Moment der Stille und einer entspannenden Meditation den Flammen übergibst. Und schon haben sie vielleicht schon nichts mehr mit Dir und Deinem persönlichen Erleben zu tun…. Und ich glaube, zumindest einen Versuch wäre es doch wert. Meinst Du nicht auch?

Darüber hinaus widmest Du Dich im Rahmen dieses Rituals Deiner persönlichen Zielplanung und der Formulierung Deiner Wünsche, bzw. Visionen, mittels der Notierung von 13 Wünschen auf einzelnen Zetteln, die Du entsprechend so zusammenfaltest, dass Du nicht mehr den Inhalt erahnen und entziffern kannst.

Auf Neudeutsch könntest Du es als Dein persönliches Visionboard, wie aus dem Mittelalter bezeichnen, welches Du Jahr für Jahr erstellst, allerdings finden diese Zettel ja besagten Weg ins Feuer, bzw. erfüllst Du Dir ja im Bewusstsein selbst nur den besagten 13. Wunsch.

Vielleicht hast Du ja mal die Lust, dieses Ritual für Dich zu entdecken und zu nutzen. Denn statt eines Seminars zum Thema Zielplanung, -fokussierung und –umsetzung, hast Du hiermit die entsprechenden Hilfsmittel ganz einfach und kostengünstig zur Hand. Ok, das entsprechende Seminar kannst Du selbstverständlich zusätzlich bei mir buchen, allerdings ist das wiederum ein anderes Thema;-).

Eines möchte ich Dir zusätzlich noch mit auf Deinen Weg geben.

Es gibt hier kein richtig oder falsch. Und ja, eine gewisse Eigeninitiative sei hier auch vorausgesetzt. Denn solltest Du Dir z.B. einen Lottogewinn wünschen, wäre es ja durchaus praktisch und wünschenswert, wenn Du selbst ja ab und an einen Tippschein abgibst. Ebenso solltest Du darauf achten, dass Deine Wünsche positiv formuliert, eben auch zum Wohle aller Beteiligten gelten.

Genieße doch einfach die entsprechenden Momente der Ruhe, der Stille und der inneren Einkehr, wenn Du Dich rückblickend mit Deinen, eher negativ besetzten Empfindungen aus dem vergangenen Jahr in Verbindung und nochmals in den Kontakt bringst. Aber mach es Dir einfach auch schön und gemütlich, wenn Du Deine Wünsche für die kommenden 12 Monate notierst. Und vielleicht nutzt Du eine der zahllosen angebotenen Meditationen zu den Rauhnächten, um auch hier Deine innere Einkehr zusätzlich angenehm und angeleitet zu untermalen und um nach einem vielleicht herausfordernden Jahr, zu einem, Dich beruhigenden Jahresabschluss zu kommen.

Gerne kannst Du Dich mit mir in Verbindung setzen, wenn Du Interesse an den von mir selbst genutzten Anbietern hast. Sicherlich können Dir viele erfahrenere Menschen als ich noch mehr Informationen zu den Rauhnächten geben. Auf jeden Fall freue ich mich, wenn ich hier aus meinen Erfahrungen heraus etwas Neugier in Dir habe wecken können.

Welche konkrete Zielplanung für welche Zeiträume in der Zukunft verfolgst Du? Welche nutzt Du bereits aktiv für Dich?

Wie kannst Du Dich von inneren Gedankenkarussells lösen, wenn Du nicht mehr wirklich weiter weißt und Du Dich im eigentlichen Sinne gerne mit etwas anderem beschäftigen möchtest?
Wie entspannst Du Dich gezielt?
Wie regelmäßig entspannst Du Dich gezielt?
Wie regelmäßig nimmst Du Dich aktiv aus Deinem Alltag heraus?
Wieso tust Du es?
Wieso tust Du es nicht?

Kapitel 27 Einfach das Beste aus den Gegebenheiten machen

Wie ich in den vorherigen Kapiteln und somit aus meinem bisherigen Leben ja bereits beschrieben habe, geht es, zumindest aus meiner bescheidenen Sichtweise darum, das Beste aus den Gegebenheiten zu machen, die Du eh gerade so vorfindest. Sicherlich fühlen sich manche Vorgaben des Lebens, vorsichtig formuliert, optimierungswürdig an. Jedoch erscheint es mir oftmals so, als wenn mein Umfeld, bzw. auch ich selbst, auf einem enorm hohen Niveau, meine und deren Unzufriedenheit kundtuen. Manche würden es Motzen und Nörgeln auf hohem Niveau nennen. Nur worüber denn eigentlich? Denn wir befinden uns doch hier in Deutschland schlussendlich und zumeist, in einer höchst komfortablen Situation. Wir und unsere Lieben sind am Leben und sind gesund. Wir befinden uns zumeist in einem festen Arbeitsverhältnis und erhalten pünktlich unsere Lohn- und Gehaltszahlung auf dem Konto. Wir haben stets genug zu essen und zu trinken, verfügen über sauberes Trinkwasser und können uns all das kaufen, was wir uns wünschen.

Nichts desto trotz fühlen wir uns meist in einer inneren Unzufriedenheit, aufgrund, zumeist äußerer, Gegebenheiten und Umständen. Mal ist es der Nachbar, der nervt, mal sind es die Arbeitskollegen und/ oder die Partnerin, bzw. der Partner.

Nur was führt uns zu dieser Unzufriedenheit? Was würde uns im Gegensatz dazu wirklich glücklich machen?

Hier stellt sich mir die Frage, ob denn viele von uns im besagten Moment überhaupt eine Ahnung davon haben, was sie in genau diesem Moment überhaupt wirklich und von Herzen glücklich machen würde? Sind es beispielsweise die anderen Menschen, die sich in genau diesem Moment zu ändern hätten? Die Politiker? Die eigene Mutter? Die eigenen oder vielleicht auch fremde Kinder? Die Partnerin? Oder sind es letztendlich wir selbst, welche einen großen Beitrag dazu leisten könnten und sollten, um uns selbst wirklich glücklich zu machen?

Natürlich kann ich mir neue Freunde oder einen neuen Partner suchen, bei denen ich hoffe, durch besagte Änderung meiner Umwelt, eine Veränderung in mir und in meinen Empfindungen zu erreichen.

Zusätzlich würde es mich eventuell glücklicher machen, wenn ich mich in meinem Verhalten dahingehend verändere, als dass ich meine Wünsche und Bedürfnisse in meiner Kommunikation mit anderen äußere. Und das natürlich in der Hoffnung, diese hierdurch erfüllt zu bekommen.

Ich würde also meine kommunikativen Fertigkeiten verändern und stärker nutzen. Ein sympathischer Schritt, um etwas vielleicht auch an mir selbst zu verändern, um endlich mal auch etwas an meiner eigenen Situation zu verbessern, ohne wie sonst üblich, das Verbesserungspotential an meiner Situation nur bei anderen, bzw. meinem Umfeld zu suchen.

Nun soll es ja durchaus auch Mitmenschen in unserer Hemisphäre geben, welche über einen sogenannten Glaubenssatz in der Färbung „Die ganze Welt ist schlecht", „ich habe es nicht verdient, glücklich zu sein" verfügen. Was ein Glaubenssatz ist? Nun, bei einem Glaubenssatz kann es sich zum Beispiel um eine innere Annahme, mit einem Gefühl von Sicherheit handeln. Ein Glaubenssatz beinhaltet die von uns als eigene Wahrheit deklarierten Gedanken und Lebensregeln, die wir über uns und die Welt machen und als solche anerkennen. Diese können beispielsweise aus unseren eigenen Erfahrungen resultieren. Oder aus den Botschaften, welche wir, insbesondere in den Prägejahren unserer Kindheit, von unseren Eltern und sonstigen Bezugspersonen in, meist negativer, Dauerschleife gehört haben. Sie können sich zum Beispiel auch durch sonstige Interessensgruppen, welchen wir uns zugeneigt fühlen, den Weg in unser Unterbewusstsein ebnen.

Diese Glaubenssätze, und insbesondere die negativ wirkenden, gilt es zu erkennen, zu identifizieren und in einem ersten Schritt als bisher hilfreich anzunehmen und wertzuschätzen. Und, insbesondere dann, wenn wir diesen Glaubenssätzen wenig gewinnbringende Anteile zuzuordnen vermögen, gilt es diese eben hiernach auch wiederum zu verabschieden, da wir sie nicht unbedingt mehr benötigen. Und mittels Unterstützung und Begleitung eines entsprechend erfahrenen Therapeuten oder Coaches eben auch neue, positiver besetzte Glaubenssätze für Deine Zukunft zu installieren.

Als Werte gelten unter anderem die Dinge, die einem Menschen wichtig sind, welche Dir also Deine Bedeutung und Deine Motivation geben. Deine Werte drücken zwar etwas sehr Allgemeines, aber eben auch Übergeordnetes aus, wie z.B. Freude, Liebe, Zuverlässigkeit und ähnliches.

Und wie Du vielleicht aus dieser Auflistung erkennen kannst, welche ich Dir gleich noch vervollständige, näherst Du Dich, je höher du Dein eigenes Level der Selbstreflektion ansetzt, immer mehr Dir selbst und Deinem wirklichen Ich, Deiner Vision, Deiner Mission.

Wie Du Dich selbst siehst, welches Bild Du eben von Dir selbst aus zeichnest, ist Thema der nächsthöheren Stufe auf den logischen Ebenen der Veränderung nach Robert Dilts. Hierbei schaust Du eben auf Dich. Wer Du bist. Wen oder was, Du z.B. in Deinem beruflichen, wie privaten Kontext darstellst, bzw. wer oder was Du eigentlich sein möchtest. Als einfaches Beispiel sei hier der Arztsohn zitiert, der die gut florierende Arztpraxis von Vater und Großvater übernimmt, obwohl er eigentlich Musiker hätte werden wollen. Dieser Sohn, der sich dem familiären System und dessen Vorgaben eben widerspruchslos aussetzt, ohne sich und seine eigenen Wünsche, Ideen, Pläne und Ziele in sein Bewusstsein, in seine freie eigene Entscheidung und hiernach auch in seine Umsetzung zu bringen.

Und schließlich und letztendlich sei hier noch die 7. der logischen Ebenen der Veränderung erwähnt, in der Du den Sinn Deines Lebens hinterfragst. Auf dieser Ebene spürst Du, vielleicht auch mittels Verbindung zu Deiner Spiritualität, Deiner Vision und Deiner Mission auf Erden nach, um den wirklichen Sinn Deines Seins auf Erden auf die Spur zu kommen und diesen Sinn zu erfüllen.

Denn streben nicht die Menschen nach der Erfüllung ihres wirklichen Herzenswunsches auf Erden hinterher? Und haben nicht so wirklich mehr die Lust sich immer nur selbst fragen „Was mache ich hier eigentlich gerade?". Sondern streben eben nach der Erfüllung des wirklichen Sinn Ihres Lebens, bevor sie diese Welt irgendwann eh wieder verlassen müssen? Und das möglichst frühzeitig und nicht erst gerade dann, wenn schon der Sensenmann vor der Tür die Klinge schärft und das eigene Lebensende bedrohlich nah erscheint?

Hier einmal die logischen Ebenen der Veränderung nach Robert Dilts in einer Übersicht

7 Sinn/ Spiritualität
6 Identität
5 Werte
4 Glaubenssätze
3 Fähigkeiten
2 Verhalten
1 Umwelt

Welche Quintessenz ich aus diesen Informationen für mich gezogen habe? Nun, ich versuche einfach aus den sich mir zeigenden Gegebenheiten und Informationen, mir das Beste herauszuziehen und das Beste für mich und meine Bedürfnisse umzusetzen. Wie immer auch zum Wohle aller Beteiligten.

Bin ich in Kontakt mit Menschen, die mir und meiner persönlichen Entwicklung weniger gut tun? So versuche ich eben meine aktuelle Umwelt zu verändern, indem ich schnellstmöglich die Lokalität, sowie mein soziales Umfeld wechsle.

Erhalte ich aufgrund meiner eigenen Verhaltensweisen ein hinweisendes und wertschätzendes Feedback, welches ich auch gut als solches annehmen kann, so überdenke ich mein Verhalten und ändere dieses.

Eine Ergänzung meiner Fähigkeiten? Sehr gerne. Ich versuche so oft wie möglich, einfach auch mal neue Dinge zu tun und die Bandbreite meiner Fähigkeiten auszuweiten, Auch wenn ich es ohne Anleitung tun darf und ich vielleicht denn einige Dinge bemerke, die ich dann eben beim nächsten Mal anders tuen sollte. Nur eben wichtig und entscheidend ist für mich eines…..das TUN an sich.

Erkenne ich bei mir einen limitierenden Glaubenssatz, bzw. auch wenn ich eine entsprechende Rückmeldung aus meinem Umfeld erhalte, welche mich wiederum auf solch einen Glaubenssatz aufmerksam macht, versuche ich diesen bestmöglich zu verändern. Und gelange auf diesem Wege, den ich bis hier beschrieben habe, immer näher und näher an die entscheidende Person, die eben nun mal für mein eigenes Glück verantwortlich ist. Nämlich an mich selbst.

In einem weiterführenden Schritt, nachdem ich also für mich erkannt und entdeckt habe, welche Werte mir in meinem bisherigen Leben wichtig waren und ich mich nach einem Hinterfragen dieser Werte anders entschieden habe, erstelle ich für mich ebenso eine Liste mit meinen neuen Werten.

Diese sollten aus meinem Gefühl heraus, eher meinen aktuellen Werten entsprechen, damit ich mich meiner wirklichen Identität und hiernach auch meinem wirklichen Sinn des Lebens, meiner Vision und meiner Mission nähern kann.

Denn letztendlich geht es doch, wie vorhin schon beschrieben, darum, den wirklichen Sinn Deines Lebens für Dich herauszufinden. Und in der Ausübung Deiner Visionen, Deine Mission in diesem Leben zu erfüllen. Um hieraus einfach glücklicher zu sein. Und durch Dein eigenes glücklich sein, letztendlich wieder Dein Umfeld glücklich zu machen.

Was für mich jedoch zu den Grundvoraussetzungen einfach dazugehört? Einmal eben die gesunde und wertschätzende Selbstreflektion um einfach zu fühlen, wie es Dir selbst wirklich geht. Darüber hinaus gehört für mich die wertschätzende Kommunikation einmal mit dir selbst und Deinem innersten Seelenleben und eben auch die erfüllende Kommunikation mit Deinen inneren Anteilen und deinem inneren Kind dazu. Denn wenn du Dir selbst zuhörst, ergeben sich vielleicht schon manche Erkenntnisse einmal für Dich selbst, was Du in genau diesem Moment nicht unbedingt nur aus dem Außen gebrauchen könntest, sondern eben auch welche aktuellen Bedürfnisse Du Dir auch schnellstmöglich selbst erfüllen könntest. Und ja, auch einmal auszusprechen, was Du in genau diesem Moment einmal aus Deinem Umfeld gebrauchen könntest, wäre für mich ein großer Schritt nach vorne, um die Welt eventuell ein Stück glücklicher machen zu können.

Wenn wir uns einfach auch mal gegenseitig unsere Wünsche und Bedürfnisse erfüllen, wie an diesem nachstehenden Beispiel beschrieben.....

Nun erscheint es mir in einem ersten Schritt, angesichts der möglicherweise verwirrenden, wie eventuell auch für viele Menschen gerade im Jahre 2020 sehr einsamen Tage um die

Weihnachtszeit und den Jahreswechsel, enorm wichtig, sich dessen nicht nur bewusst zu werden und zu spüren, wie unangenehm die Einsamkeit jetzt aber wirklich in den letzten Tagen war.

Vielmehr sollten wir doch gerade jetzt unserem Wunsch nach einer Umarmung Ausdruck verleihen! Und unserem Wunsch nach einem guten Gespräch mit ähnlich interessierten Menschen, wie wir es sind.

Und ja, auch angesichts von „Herbert" folgt aus einer kurzen Berührung des Armes eines Menschen nicht zwangsläufig ein mehrwöchiger Zwangsaufenthalt zuhause. Mich stimmte folgende Geschichte einfach nur traurig.

Ein geistig gehandicapter Mitarbeiter meiner Partnerin, ging vor einigen Tagen auf sie zu und meinte zu ihr:: "Ich muss das jetzt gerade mal sagen und loswerden. Ich finde das jetzt richtig doof, dass ich nicht mehr einfach mal nur in den Arm genommen werde". Sie konnte nicht anders, als ihn einfach nur mal am Arm zu berühren und mit ihm in den Kontakt zu gehen. Ja, vielleicht befinden sich nun derzeit Menschen mit einer Einschränkung am scheinbaren Rande unserer Gesellschaft. Nur sind es vielleicht auch diese Menschen mit einer körperlichen und/ oder geistigen Einschränkung, die uns zeigen, wie sie mit ihrem Wesen und eben ihrer Arbeit einen Beitrag für uns alle leisten. Einfach nur, indem sie sich darüber freuen, ihre Arbeit gut zu machen und hierüber glücklich sind? Für mich leisten Menschen einen wertvollen Beitrag in unserer Gesellschaft, wenn sie mit ihrer Strahlung und Ausstrahlung ihrem Umfeld vermitteln, dass das, was sie tun, sie glücklich macht. Und ja, diese Menschen sprechen einfach aus, was eventuell uns allen fehlt. Ein einfaches Lob für das, was sie tun. Ein Lächeln von ihrem Gegenüber, der den Menschen und seinen Beitrag für diese Welt sieht. Einen Menschen, der jeden Tag seine Vision und seine Mission erfüllt, und sei es nur bestimmt Knöpfe an einer Maschine in einer bestimmten Reihenfolge zu drücken.

Nur erkennt eben dieser gehandicapte Mensch, dass er täglich seine Vision erfüllt, was ihn wiederum glücklicher macht als manch einen, der Tag für Tag in seinem Büro sitzt und über den Sinn seiner täglichen Tätigkeit nachdenkt und sich immer und immer wieder fragt: „Was mache ich hier eigentlich gerade?". Und um sich vielleicht täglich auf demselben Weg zu seinem Arbeitsplatz zu fragen: „Wo fahre ich hier jetzt eigentlich gerade hin?"

Wie hast Du das letzte Weihnachtfest verbracht?
Wie hast Du den letzten Jahreswechsel verbracht?

Wie hättest Du diese gerne verbringen wollen?

Wen hättest Du gerne in den Arm genommen?
Und wer hätte Dich einmal umarmen dürfen?
Wie wäre es zumindest, wenn Du Dich, sollte sonst niemand anderes da sein, einmal selbst umarmst? Liebevoll.....

Warum mit einer Umarmung warten, bis Du den einen besonderen Menschen vielleicht nie mehr wieder siehst?

Wie könntest Du noch mehr Freude und Liebe als bisher, in Deine Leben und das Leben Deiner Mitmenschen bringen?

Epilog

Ein etwas surreales Jahr 2020 neigt sich, genauso wie die Finalisierung meines zweiten Buches, dem Ende. Viele Menschen durften sich, genauso wie ich, in vielen Bereichen ihres emotionalen, wie wirtschaftlichen Daseins neu ausrichten. Durch „Herbert" haben sich, zumindest aus meiner Sicht, viele Menschen anders als bisher kennenlernen dürfen. Einmal in ihrem Umgang mit ihren Mitmenschen und vor allen Dingen im Umgang mit sich selbst.

Die viel propagierte Digitalisierung führte gerade in der Branche der Finanzdienstleistungen, in der ich aktuell noch tätig bin, zu einer massiven Standardisierung fast aller Prozesse. Welches Ziel hierdurch verfolgt wurde? Nun, es stand so irgendwie immer der Wunsch im Raume, dem Kunden den identischen Standard an Beratung und Dienstleistung in Buxtehude, wie in Babenhausen oder Bamberg angedeihen zu lassen. Für mich selbstverständlich, wenn es um Dinge wie Freundlichkeit und Serviceleistungen geht. Schwierig jedoch aus meiner Sicht in der Umsetzung, wenn es um eine Standardisierung von Beratungsleistungen geht. Denn, oh Wunder handelt es sich vielleicht um eine Austauschbarkeit des Beraters im jeweiligen Ort, um die Beratungsleistung für den Arbeitgeber kostengünstiger zu gestalten. Da stellt sich mir jedoch die Frage, inwieweit denn die jeweiligen Kunden mit Ihren Wünschen, Plänen und mit ihrer persönlichen Geschichte austauschbar sein können? Ich behaupte hier kühn: Nein.
Alleine schon die Tatsache, dass ich in meiner Beratung immer mehr auf vorgegeben digitale Prozessketten zurückgreifen muss, um meinen Kunden dessen Bedürfnisse darstellen zu können, macht mir als unmittelbar betroffener Arbeitnehmer dieses Bereiches Angst und stimmt mich

traurig. Denn die Erfassung der Daten, welche ich nach Rückfrage beim Kunden durchführen darf, kann mein Kunde, ganz ehrlich gesagt, auch ohne meine Hilfe von zuhause durchführen. Ich werde hierfür, auf Sicht, ob nun nah oder fern, irgendwann nicht mehr gebraucht und somit fast schon automatisch abgeschafft, weil digitalisiert.

Nachdem nun also in vielen Betrieben jahrelang die Arbeit im Homeoffice gescheut wurde, erfolgte in genauso vielen Betrieben die mehr als rasante Umstellung auf besagtes Arbeiten zuhause. Vielleicht müssen sich diese Arbeitnehmer irgendwann einmal die Frage gefallen lassen, ob der Betrieb sie überhaupt noch benötigt. Wenn sie ja schon nicht mehr am ursprünglichen und eigentlichen Arbeitsplatz auftauchen mag diese Frage durchaus am Firmament auftauchen. Denn gleichzeitig erfolgt quasi automatisch eine Reduktion der sozialen Kontakte in den jeweiligen Betrieben. Und je weniger Du mit Deinen Kollegen und Vorgesetzten, bzw. Deinen Mitarbeitern im Gespräch bist, desto eher gerätst Du vielleicht ja auch in Vergessenheit?!G

Gleichfalls sind jedoch die bewussten, emotionalen, persönlichen Kontakte, welche jetzt immer mehr wegbrechen, der Menschen miteinander, für die gute eigene emotionale Entwicklung so immens wichtig. Sei es nun privat, familiär und/ oder beruflich.

Virginia Satir sagte einmal folgendes:
„Wir brauchen vier Umarmungen pro Tag zum Überleben. Wir brauchen acht Umarmungen pro Tag zum Leben. Wir brauchen zwölf Umarmungen pro Tag zum Wachsen".

Diese für uns so immens wichtigen Umarmungen sind derzeit leider eher auf dem gefühlten Abstellgleis. Vielfach besteht derzeit bei uns Menschen der Wunsch und die gefühlte innere Pflicht, sich und sein Gegenüber vor etwas nicht greifbarem zu schützen.

Doch gerade durch diesen derzeit aufoktroyierten Verzicht auf ein Leben miteinander, sehe ich derzeit eine größere Gefahrenquelle für uns und unsere Entwicklung auf uns zukommen. Denn wenn auch diese Anweisung zum Verzicht besteht, so sollten wir alle doch jede sich nur sich bietende Gelegenheit nutzen, um mindestens auf eine Entfernung, in einem guten Kontakt miteinander sein zu können, statt auf diesen für immer zu verzichten. Denn vielleicht siehst und fühlst du es für Dich und Deine Lieben ähnlich wie ich. Diesen dringenden Wunsch, jemanden zu sehen, ihn zu umarmen und mit demjenigen in einem guten, wertschätzenden und gegenseitig motivierenden Kontakt zu sein, um gemeinsam zu wachsen.

Mal abgesehen von dem angesprochenen möglichen, sich erübrigen des eigenen Arbeitsplatzes, je weniger Du im Kontakt und somit im Bewusstsein Deines Arbeitsumfeldes bist.

Ich hoffe, es ist ok für Dich, wenn ich mich mit einer Bitte an Dich wende. Wenn Du verspürst, dass sich ein liebgewonnener Mensch in Deinem Umfeld immer mehr innerlich zurückzieht und verschließt, sei einfach für ihn da. Und ja, auch wenn Du selbst verspürst, dass Dir ein gutes Gespräch mit einem liebevollen Kontakt fehlt, ruf einen lieben Mensch an und rede mit ihm. Vielleicht hat er ja gerade ein ähnliches Bedürfnis wie Du. Vielleicht durchlebt er sogar ähnliche Ängste wie Du.

Erarbeitet doch einfach gemeinsame Lösungen, um endlich wieder optimistischer in eure Zukunft zu schauen. Damit es für euch wieder vorwärts gehen kann und ihr die Chancen, die sich euch bieten, erkennt und diese nutzt. Um eure

Grenzen zu durchbrechen und in einer, vielleicht neuen Berufung, glücklich zu werden.

Ich habe in diesen Zeilen bestmöglich versucht, mich mit der aktuellen Gegenwart und dem, was ich wahrnehme, auseinander zu setzen. Eben mit den Gefühlen und Emotionen, welche diese Wahrnehmungen in mir auslösen.
Und wenn Dir diese bekannt vorkommen und Du die Lektüre meines Buches weiterempfiehlst, um die Erkenntnisse mit Dir lieben Menschen zu teilen, freut mich dies aus tiefstem Herzen.
Ich freue mich nun schon auf mein nächstes Teilprojekt und zwar den dritten Teil dieser Trilogie, in dem es um Deine mögliche Ausrichtung in Deine Zukunft geht. Was alles möglich ist und wie sich vielleicht auch im Laufe der Zeit Deine Ziele, Deine Visionen und Deine Mission verändern können.
Ich nehme Dich mit auf meine Reise zu meinem persönlichen Ziel. Denn ich möchte gerne, im übrigens das erste Mal, nach Rom fahren und auf dem Weg dorthin und in meine Zukunft, möglichst viel des italienischen „dolce vita" annehmen und genießen. Und ich bin ganz besonders gespannt darauf, inwieweit es aufgrund „Herbert" möglich sein wird, am Ortseingang von Rom ein Foto von mir am Ortschild zu machen und damit das Cover des dritten Teils zu gestalten.
Des dritten Teils meiner Trilogie „ Wie mich viele Wege nach Rom führten oder wie ich endlich zuhause angekommen bin"

Herzlichen Dank für Dein Vertrauen.
Bernd
Freinsheim/ Hochspeyer, 31.12.2020
Wenn Du mehr über mich und meinen Beruf erfahren möchtest, freue ich mich auf Deinen Besuch auf meiner Homepage www.viele-wege-fuehren-nach-rom.de .

MIX

Papier | Fördert
gute Waldnutzung

FSC® C083411

Zeitfracht Medien GmbH
Ferdinand-Jühlke-Straße 7
99095 Erfurt, Deutschland
produktsicherheit@kolibri360.de